우리는 왜 공허한가

우리는 왜 공허한가

문제는 나인가, 세상인가
현실의 벽 앞에서 우리가 묻지 않는 것들

멍칭옌 지음
하은지 옮김

이든서재

당신의 문제를 함께 풀어가는 시간

이 책은 사회학에 대한 이론을 설명하는 책이 아니다. 사회학의 개념이나 논리, 방법이나 체계에 대한 설명을 그대로 옮겨 놓은 책은 더더욱 아니다. 그저 우리 일상에 소소하게 일어나는 일에 대해 여러분과 함께 사유하고 덤덤하게 이야기를 나누는 책이다. 그렇다면 정석도 아닌, 사회학 '비스름' 한 이 책을 당신에게 기꺼이 추천하는 이유가 무엇일까? 그걸 이해하려면 먼저 저자에 대한 약간의 배경 설명이 필요할 것 같다.

저자와 처음 만난 자리에서 나는 그의 유머러스함과 상냥함, 밝은 에너지와 특유의 자기 확신에 큰 매력을 느꼈다.

"사실 사회학이라는 건 사회 현상과 동떨어진 학문이 아니에요. 오히려 현대인이 지금 어떤 어려움에 빠져 있는지, 그 어려움에서 빠져나오지 못하는 이유가 무엇인지 관심을 갖고 탐구하는 학문이라고 생각해요, 저는."

나는 무릎을 쳤다. 큰 맥락으로 볼 때 내가 추구하는 바와 그가 추구하는 바가 일치했기 때문이다. 사실 학문이라는 것이 궁극적으로 무엇인지 하나로 정의하긴 어렵다. 하지만 그의 올곧은 신념은 나를 흥분하게 했고, 그건 곧 우리 사이에 열정적으로 이야기를 나눌 공통의 화제가 있다는 뜻이기도 했다. 큰 방향과 맥락이 확실하면 얕은 지식으로 갖가지 사회 현상에 대해 왈가왈부할 수 없다. 올곧은 방향과 신념이 있어야만 비로소 학문에 현실감이 더해지고 실천 가능한 것이 된다.

저자는 현재 우리 사회에 일어나는 현상을 면밀하게 관찰하고 진솔하게 이야기한다. 비록 똑같은 사회 현상이 당신 주변에서, 심지어 당신 자신에게 일어났을지라도 우리는 한 번도 저자와 같은 시선으로 그것을 바라보고 해석하지 않았다. 이제 그와 시선을 함께하면 보다 쉽게 이 세상을, 그리고 나 자신을 이해할 수 있을 것이다.

우리가 사는 사회에는 수많은 문제가 존재한다. 당신과 당신 주변에서 일어난 수많은 현상과 문제들은 과연 누구의 문제일까? 당연히 그건 당신의 문제다. 하지만 그 문제가 형성되어 발생하고 그

것이 구조화되어 또 다른 문제를 파생하기까지는 수많은 요소의 영향을 받는다. 그럼에도 우리는 이를 해결하기 위해 일정한 대가를 지불해야 한다. 싫지만 어쩔 수 없는 일이다. 게다가 우리는 그 문제에서 벗어나려 해도 쉽게 벗어날 수가 없다.

우리는 살아가면서 삶의 의미가 무엇인지 한 번쯤 생각하게 된다. 하지만 그 의미를 단숨에 찾기 어려운 이유는, 어딘가에서 마음의 위안을 얻어 하루를 보내고 달콤한 잠에 빠지더라도, 다음 날이면 또 다른 종류의 근심이 찾아와 인생에 무게를 더하고 마음을 어지럽히기 때문이다.

게임 중독에 빠지는 이유는 뭘까? 게임의 매력이 도대체 무엇인지 중독된 사람도 잘 모르고 중독되지 않은 사람도 잘 모른다. 사이버 폭력이 쉽게 발생하는 이유는 무엇일까? 현대인이 야만적이어서? 아니면 사이버 공간에서 우리가 쉽게 야만적으로 변하기 때문에? 이것은 과연 우리의 문제일까, 아니면 인터넷의 문제일까? 이건 나의, 우리의 문제가 아니라 사회적 문제이자 시스템의 문제다. 그렇지만 우리는 사회적인 동물로 사회 체계 안에서 살아가기 때문에 이러한 문제들에서 완전히 자유로울 수는 없다.

이 책에서는 이러한 문제에 관한 저자의 독특한 견해가 담겨있다. 타고난 재치와 영민한 통찰력으로 남들과는 조금 다른, 그만의 판단과 해석을 찾아내는 것이 이 책을 읽는 큰 재미 중 하나일 것이다.

저자는 사회학의 '3대 아버지'라 불리는 마르크스와 막스 베버, 에밀 뒤르켐은 물론 미셸 푸코, 노베르트 엘리아스, 피에르 부르디외, 게오르그 짐멜, 장 보드리야르와 같은 사회학의 '거장'들, 그리고 겸직 사회학자로 활동했던 알렉시 드 토크빌, 지그문트 프로이트, 귀스타브 르 봉 등의 유명 인사들을 책 속으로 초대해 사회 현상에 대해 이야기를 나누고 탐구한다. 활발하게 각자의 생각을 나누는 그 자리에는 당연히 당신을 위한 자리도 마련되어 있다. 가볍게 친구들과 수다를 나누는 것과 같은 책이라 꼭 결론이 필요하지는 않다. 그런 의미에서 이 책은 '모범답안'은 아니다. 흔히 '주류 모범답안'과는 다른 결말을 향해 가지만, 그렇다고 다른 의견이나 생각을 배척하는 것도 아니다.

수없이 많은 사회 문제가 끊임없이 발생한다는 것은 그만큼 우리 사회가 아프다는 말이다. 사회가 아프다는 건 곧 우리에게도 병이 있다는 의미다. 그렇다면 저자는 이에 대한 '처방전'을 알고 있을까? 그는 아무 말 하지 않는다. 설령 그가 알고 있다고 해도 우리에게 직접 그 답을 알려주진 않을 것이다. 사회학자들은 보통 사회에 병이 있다고 주장한다. 마르크스도 그랬고 베버와 뒤르켐도 그

랬다.

또한 확실한 처방전도 그리 많지 않다. 특히 마르크스처럼 '독한 약'을 써주는 사람은 극히 드물다. 그 이유는 사회학자들은 다른 모든 학자보다도 이 사회가 얼마나 복잡한지 명확히 알기 때문이다. 그들에게는 하나의 사회 문제도 종합적인 문제로 다가온다. 물론 어떤 하나의 개념이나 시각으로 현상을 날카롭게 진단할 수는 있다. 하지만 그들은 그것을 유발한 이유가 매우 복잡하다는 걸 알기 때문에 이러한 개념, 저러한 시각으로 간단하게 '처방'하지 않는다. 자기공명영상장치MRI로 암을 발견하고 진단하기는 쉽지만, 그것으로 암을 치료할 수는 없는 것과 같은 이치다. 진단이 쉽다고 거기에 해결책이 모두 포함되어 있는 건 아니다. 만일 누군가 당신에게 MRI나 간단한 채혈 기구 하나로 병을 치료할 수 있다고 말한다면, 그건 의사가 아니라 사기꾼이다. 손쉽게 처방을 내리는 사회학자 역시 대부분이 그렇다고 보면 된다.

그럼 이제 조금 어이없다는 생각이 들지도 모르겠다. 사회 문제는 계속 발생하고 있고, 당장 나 자신과도 관련한 현상이 수두룩한데, 그에 대한 마땅한 처방전이 없다니 "지금 나랑 장난해?"라는 말이 자연스럽게 튀어나올 수도 있을 것이다. 물론 당신을 놀릴 생각은 전혀 없다. 공자가 사귀라고 가르친 '성실한 친구'는 저자와 같은 사람을 두고 하는 말이다. 여기에서의 '성실함'이란 정직함, 솔직함, 이해심, 동정심, 공감 등을 뜻한다.

나에게 일어난 문제는 내가 직접 해결해야 한다. 다른 그 누구도 나의 문제를 대신 해결해 주지 못한다. 하지만 저자는 당신과 함께 문제를 직면하고, 함께 아파하며, 함께 현상을 이해하고 원인을 파헤치려 한다. 그는 현실을 외면하며 '자는 척'하는 우리를 흔들어 깨운다.

그러나 개념이나 논리, 방법이나 체계, 사상 등을 들이대며 고리타분한 '설교'를 하는 게 아니라 마치 본인이 그 일의 당사자인 양 함께 아파하며 고민한다. 그리고 스스로 해답을 찾을 수 있게 도와준다. 그래서 그 과정이 외롭지 않다. 나에게 일어난, 그리고 내가 속한 사회에 일어난 문제를 생각하다 보면 어느새 저자가 '나의 행복에 같이 기뻐하고, 나의 슬픔에 같이 울어준다'는 느낌을 받는다.

물론 나와 내가 속한 사회의 문제를 열심히 생각한다고 해서 당장 해결되는 건 아니다. 하지만 치열하게 고민해 본 사람은 그렇지 않은 사람과는 다르다. 이것이 과연 나에게 정말 문제인지, 그게 만일 문제라고 한다면 어떻게 해결하고 벗어나야 하는지, 그것을 해결하기 위해 나는 얼마만큼의 대가를 지불해야 하는지 생각해 본 사람과 아닌 사람의 삶은 천지 차이다. 그리고 그 모든 선택은 나에게 달려있다. 그 어떤 학자도, 그 어떤 학문으로도 내 인생에 대신 결정을 내려줄 수는 없다.

저자는 이 책에서 현대 사회에 존재하는 갖가지 현상을 진부한 이론으로 풀어내지 않는다. 그건 그의 스타일이 아니다. 그가 가장 잘하는 건 '수다'다. 물론 이론에 대한 설명이 필요한 부분에서는 빼놓지 않았지만, 그는 자신의 장점을 잘 활용해 대화하듯 이야기를 풀어냈다.

수다의 장점은 문제에 대해 생각한 뒤에 나 스스로 결정하고 결론을 내릴 수 있다는 점이다. 그 어떤 누군가의 간섭이나 가르침 없이 편안하고 가볍게 내 인생에 대해 스스로 고찰하고 선택할 힘을 모을 수 있다는 게 수다나 대화의 장점이다.

저자와 함께 이야기를 나누는 과정에서는 항우項羽처럼 '천지를 개벽'할만한 결정을 내리지 않아도 된다. 장자莊子와 같은 마음으로 그저 현상을 이해하고 조금 더 포용적인 마음으로 나와 이 사회의 문제를 알아가면 그만이다.

오랜 친구와 수다 떠는 느낌으로 이 책을 읽길 바란다. 밤을 지새워도 좋고, 시간이 날 때마다 한 번씩 들춰봐도 된다. 내가 그와의 수다를 무척 좋아하는 것처럼 당신도 그랬으면 한다.

중국 정법대학 정치학과 주임 교수 리쥔

누구의 문제인가

현대인의 삶에는 수많은 문제가 존재한다. 개인의 먹고사는 문제에서부터 크게는 인생, 역사, 국가에 이르기까지 해결되지 않는 물음표가 인생의 단계마다 끊임없이 등장한다.

'인생의 의미는 어디에 있을까? 나는 왜 내가 꿈꾸는 대로 살지 못할까? 내 인생에 문제가 있는 건 아닐까? 만약에 그때, 그런 선택을 하지 않았다면 나는 지금 더 행복할까?'

책의 서두부터 이런 얘기를 쓰는 이유는 독자들에게 근심을 없어주려는 게 아니다. 아마도 이건 현대 사회를 살아가는 거의 모든 사람의 고민이자 독백일 것이다. 사실 우리의 실제 삶에는 이보다 더 복잡한 문제가 훨씬 많이 일어난다.

여기서 잠깐 내 얘기를 해 보려고 한다. 2019년 여름, 아버지가 매년 정기적으로 받으시던 건강검진에서 이상 소견이 나왔다. 병원에서 정밀검사를 위해 입원이 필요하다는 연락을 받았고 다행히 어렵지 않게 병상을 예약할 수 있었다. 입원 당일, 아버지는 담당 주치의의 요구대로 전날부터 금식한 상태였기 때문에 어떻게든 빨리 검사를 받아보고자 새벽 6시에 병원에 도착했다. 그런데 어이없는 일이 발생했다. 입원 수속을 하는데 갑자기 데스크에서 예약에 관한 기록을 찾을 수 없다는 것이었다. 우리는 그렇게 병동 세 개를 장장 두 시간을 넘게 뛰어다니며 담당자를 찾아 문의했지만 문제를 해결하지 못했다. 병원 측은 서로 책임을 떠넘기며 기다리라는 말만 반복했다.

그 일이 있고 난 뒤 몇 년이 흘렀지만 아직도 이 기억이 생생하게 머릿속에 남아 있는 이유는 당시 문제에 엮인 모든 당사자가 했던 말, "이건 우리 잘못이 아니다."라고 했던 그 말이 오랫동안 생각났기 때문이다.

전체 과정에서 시스템은 자동으로 움직이고 있었고 사람은 그 뒤에 숨어있었다. 어쩌면 잠깐의 시스템 버그로 오류가 났던 걸로 유난 떤다고 하는 사람들이 있을지도 모르겠다. 그러나 나는 생각이 다르다. 정도만 다를 뿐, 이건 현대 사회를 살아가는 모든 사람이 보편적으로 겪는 상황임이 분명하다.

엄마: "너는 허구한 날 회사 가기 싫다고, 일하는 게 재미없다고 불평하면서 주말만 되면 아무것도 안 하고 종일 집에 앉아서 핸드폰만 들여다보고 있니? 다 네가 선택한 일이면서 뭐 그렇게 불만이 많아?"

아들: "먹고살려고 일하는 거죠. 일주일 내내 일하고 야근까지 하는데 주말 정도는 제 마음대로 쉴 수 있는 거 아니에요? 제가 잘못한 거예요?"

엄마: "옆집 아들은 서른에 벌써 애가 둘이라는데 어째서 너는 아직도 만나는 사람이 없니? 급하지도 않아?"

아들: "그럼 아무나 만나서 결혼하고 애를 낳아요? 아직 마음에 드는 짝을 못 만났으니까 그렇죠. 그게 제 잘못이에요?"

아빠: "얼굴이 못생긴 것도 아닌데 굳이 돈을 들여서 성형수술을 해야겠니? 그것도 다 배가 불러서 하는 소리야. 너만의 독특한 개성이 있어야지 남들하고 똑같이 고쳐서 뭐 하려고?"

딸: "아빠, 지금은 얼굴로 먹고사는 시대예요. 다른 사람은 다 하잖아요. 저만 안 하면 뒤처진다고요. 그게 제 잘못이에요?"

동생: "언니는 도시는 물가도 높고 출퇴근 시간도 복잡하다고, 맨날 힘들다고 징징거리면서 대체 왜 고향으로 안 내려오는 거야? 차라리 여기 내려와서 사는 게 마음 편하지 않아?"

언니: "그래도 대도시에 기회가 많잖아. 작은 도시일수록 전부 다 인맥 위주라고. 우리 집처럼 평범한 집이 돈이 있기를 해, 인맥이 있기를 해. 힘들어도 여기서 어떻게든 버텨봐야지. 이게 잘못은 아니잖아?"

직장에서든 일상이든 우리는 "내 잘못이 아니다."라는 말을 입에 달고 산다. 아마 현대인이 가장 많이 하는 말 중에 하나일지도 모른다. 누군가로부터 이런 말을 들으면 대책 없는 모습에 화가 치밀기도 하지만, 막상 비슷한 상황에 처하면 나도 무의식적으로 자신을 보호하고 책임을 피하려고 같은 말을 하게 된다.

모두가 '나의 잘못'이 아니라고 말한다면, 이건 대체 누구의 잘못일까? 누구의 문제일까?

우리가 가장 쉽게 생각하는 원인은 태어난 가정, 거시적인 정책, 주변 사람들이다. 흔히 '집에 돈이 없어서', '전체적인 환경이 따라주지 않아서', '다들 그렇게 하니까'라고 말한다. 그래서 그런 상황에서 사람들이 던지는 질문, "그래서 내가 뭘 할 수 있는데?"라는 물음은 사실상 '내가 할 수 있는 게 없다'는 부정문과 같은 의미로 해석한다.

그런데 아이러니하게도 우리는 어쩔 수 없이 현실을 받아들이는 동시에 그저 무기력하게 그 상황에 항복하고 싶지 않은 두 마음이 동시에 있다. 그리고 그 사이에서 갈팡질팡한다. 곰곰이 생각해 보면 그런 마음이 희망의 근원이 되기도 하지만, 또 근심 걱정의 원흉이 되기도 한다.

삶은 언제나 우리에게 '더 높은 곳을 향해' 가라고, 이로써 신성한 자아의 가치를 실현하라고 채근한다. 그러나 우리는 그 과정에서 참혹한 현실을 경험하고 이내 좌절한다. 그렇게 현대인들은 삶의 의미와 의미 없음, 현실과 이상 사이에서 시계추처럼 흔들거리며 갈피를 잡지 못한다.

사실 "이건 내 잘못이 아냐."라는 말은 다른 대상에 책임을 전가하려는 외침이 아니라, 현대 사회가 움직이는 기본적인 로직에 관한 읊조림에 가깝다고 생각한다. 현대 사회는 육안으로 보이지 않는 하나의 거대한 시스템과 같다. 이 시스템은 매우 복잡한 분업 체계를 통해 돌아가는데 '효율화, 규격화, 전문화' 된 것이 특징이다.

우리는 물질적으로나 기술적으로 전례 없이 풍요로운 시대에 살고 있다. 과학, 지식, 지식재산권이 곳곳에 넘쳐난다. 이런 현상으로 현대 사회에 보편적으로 나타나는 첫 번째 특징은 '사람의 도구화'다. 복잡한 분업 시스템 속에서 살아가는 우리는 업무의 중복성(전문성) 때문에 존재의 의미를 가끔 상실하기도 한다. 하지만 우리는 모든 것이 시스템화되어 돌아가는 현대 사회에서, 가장 큰 특징이 바로 낯선 이와의 기능적인 연결이라는 점을 종종 간과한다. 가만히 생각해 보면 모든 사람의 일상생활은 다른 누군가의 희생과 헌신을 통해 유지된다. 개개인이 하는 일은 사실상 정도에 차이가 있을 뿐, 다른 이의 삶에 영향을 주고 심지어 결정적인 역할을 하기도 한다. 그래서 분업화된 현대 시스템에서 사람들은 무언가에, 누군가에게 필요한 '도구'로서의 운명을 살아가게 되는 것이다.

이렇듯 고도로 체계화된 사회의 분업 체제로 사람들은 역사적으로 가장 효율적인 시대를 살아가는 동시에 '책임 전가'가 보편화된 시대를 살아간다. '이건 내 잘못이 아니다'는 주장은 결국 다시 말해, 본인이 하는 행동은 매우 합법적이고 합리적이라고 생각한다는 뜻이다. 하지만 대다수의 경우 그것은 도덕이나 양심에는 관계없이 그저 직업적인 '분업 체계', 즉 딱 자기에게 주어진 일만 잘해내면 된다는 생각에서 비롯된다.

분업화된 시스템으로 나타난 현대 사회의 두 번째 특징은 전 사회적인 '소외화'다. 소외화란 그 본성으로부터 멀어지는 현상을 일컫는다. 현대 사회는 뭐든지 '돈'을 절대적인 목적으로 삼는다. 그래서 그것이 단지 '절대적인 도구'라는 사실을 망각한다. 같은 이치로 현대인은 직업과 교육, 심지어 결혼과 가정의 존재 의미와 본래의 목적을 다르게 이해한다. 이렇듯 본질이 변질된 세상은 모든 것이 '실용성'의 논리에 의해 움직이며 이런 상황에서는 '도구'와 '목적'의 자리가 종종 뒤바뀌거나 엉뚱한 위치에 놓이기 일쑤다. 대학 교육 체제에서 사용하는 성적은 본래 학생이 지식을 얼마나 이해하고 습득했는지를 측량하기 위한 하나의 수단에 불과했지만, 현재는 그 의미가 변질되어 하나의 '비즈니스'로 바뀌었다. 실제로 마르크스가 주장했던 '소외화'는 현대인에게는 그저 보편적으로 존재하는 현상이 되어버렸다.

현대 사회의 세 번째 특징은 '모순과 분열'이다. 현대인은 그 어떤 시대보다 '신성한 위치'에서 살아가고 있다. 이제 '내 삶의 주인은 바로 나', '자아실현', '세상의 중심은 나'라는 생각이 지배적이며, 그것이 성공하는 인생의 출발점이라는 인식이 강하다. 하지만 살다 보면 내 능력과 의지에 한계가 있다는 것을 실감한다. 지위나 역할에 상관없이 우리가 '이건 내 잘못이 아니다'라고 말하는 건 어쩌면 그러한 의지나 선택에 한계가 있음을 대변하는 말이기도 하다.

이렇듯 이론적인 '이상'과 현실의 '한계'가 동시에 나타나는 삶으로 말미암아 현대인은 심각한 '분열' 상태에 빠지게 되는 것이다. 자기 삶의 '중심'으로 살아가는 현대인은 무한한 '영광'을 누리며 살아간다. 인생의 '유일한 주인'이 되어 타인은 감히 침범해서는 안 되는 고귀한 인생을 살지만, 그만큼 책임도 뒤따른다. 전능한 개체라면 이론적으로 모든 것을 감당하고 책임질 능력도 있어야 한다. 하지만 일단 현실을 보면 이 '전능한 개체'는 삶의 곳곳에서 '위축됨'을 경험한다. 그리고 이 세상에는 '전능자'가 그렇게 많이 존재할 수 없다는 사실을 깨닫고 변하지 않는 힘의 구조에 결국 백기를 들고 만다. 이어서 걱정과 근심, 초조함에 뒤덮이지만 아무리 발버둥 쳐도 빠져나오기 힘들다.

대체 무엇이 이토록 우리를 힘들게 하는 것일까? 무엇이 개인의 의지와 역량을 제한하는 것일까? 한계는 '사회'와 '보이지 않는 것'의 존재로 인함이다. 태어난 원가족이 그 이유라고 말하는 사람은 인류 문명의 가장 기본적인 단위인 '집'과 '가정' 때문에 삶을 제한받는다고 한다. 제도와 환경을 이유로 꼽는 사람은 개인이 속한 공동체가 지닌 규칙과 질서 때문이라고 설명한다.

중국의 근대 사상가 옌푸는 100년 전에 사회학sociology을 '군학群學'이라고 번역했다. 이것이야말로 매우 직관적이면서 명확한 해석이다. 사람은 태어나 어떻게 무리를 짓고 살아가는가? 이것이야말로 사회학의 진면목이다. 사회학은 현대 문명의 도래로 생겨난 학문 체계로 현대인의 보편적인 운명과 관련 있다. 뒤르켐이 강조했던 것처럼 인류는 현대 문명의 시작으로 '기계적 연대'에서 '유기적 연대'로 들어섰고, 앞에서 얘기했던 '사회 분업화'가 본격적으로 탄생했다. 마르크스가 강조했던 '소외화' 현상과 '물신숭배'는 이제 현대인이 벗어날 수 없는 운명이 되어버렸다. 도구적 이성이 만들어낸 '이성의 새장'을 염려했던 베버의 예언처럼 '시스템 안에 갇힌 노동자'는 우리의 현실이 되어버렸다.

이런 의미에서 현대인이 직면한 구조적인 긴장의 '근원'을 따라가는 것은 현대인에게 영향을 미치는 보이지 않는 요소들(제도, 질서, 문화, 전통, 풍속)을 파헤치는 일이다. 또한 그로 인해 형성된 기제와 원리를 해부하며, 이를 통해 사회학의 운명에 대해 연구하는 과정이라고 할 수 있다.

사회학은 때로는 무력하게 느껴진다. 추상적인 개념을 속 시원히 설명하는 것도 아니고, 많은 경우 '모범답안'을 쉽게 제시하지 않기 때문이다. 더군다나 명확한 '솔루션'을 말해 주는 것도 아니다. 사회학이 관심을 기울이는 문제는 "이건 무슨 문제인가?", "이것은 누구의 문제인가?"와 같은 것이다. 이는 일종의 "무엇인가?", "왜인가?"와 같은 근원적인 것을 찾아가는 질문의 방식으로 "어떻게?"와는 전혀 다른 노선이다. 왜냐하면 사회학의 연구 대상은 구체적이면서 살아 숨 쉬는 인간으로 구성된 집단, 무리이기 때문이다. 인간이 복잡한 동물이라는 점을 인정한다면 인간으로 구성된 집단은 더 복잡한 존재라는 사실을 알 것이다. 인간이 한데 모이면 언어와 풍습, 문화와 역사, 가치관과 신앙, 종교와 제도, 질서 등은 '자연스럽게' 탄생한다. 이것은 물리적인 의미로 해석할 수도, 정해진 수학 공식에 대입해서 해석할 수도 없다.

이는 뒤르켐이 얘기한 '사회적 사실'이며, 베버가 언급한 주관적 의미의 사회 행동이 만들어낸 사회적 실재다. 사회학은 현대성의 산물이다. 사회학 연구자는 단순히 본인의 연구 대상을 하나의 '사물'이나 '물질'로 볼 수 없다. 그건 사회학 연구자가 매우 신중하게 '대책'을 강구한다는 의미이기도 하다. 왜냐하면 모든 대책이 일단 '정책'이 되면, 그것은 살아 숨 쉬는 인간의 운명을 바꾸기 때문이다. 이런 의미에서 신중함은 매우 적절하면서도 반드시 필요한 태도이다.

현대인은 사상적으로 매우 풍요롭다. 각종 기술적 수단과 미디어, 뉴스를 통해 세계의 정보를 시시각각 습득하고 있다. 이러한 사상의 발달은 자신감을 낳았고 자신이 지식인, 정치가, 심지어 '구세주'의 신분으로 세상을 살 수 있다는 잘못된 인식을 불어넣기도 한다. 그래서 현대인은 일종의 '자아'로 가득한 세상에 살게 되었다. 많은 경우 그들의 세계에는 나만 존재할 뿐, 타인이 보이지 않는다. 이러한 추상적 존재 상태에 있는 현대인은 '왜?'라는 질문은 무시하고 '어떻게?'라는 답만 찾는 데 급급한 상황이 되었다.

이 책에서는 '왜?'라는 측면에서만 대답을 제시한다. '어떻게?'에 관한 것은 신성한 개인의 선택에 달려있다고 생각한다. 이 책은 전통적인 의미의 학술적 분석을 내놓은 저서가 아니다. 각 장에서 나는 '개념적 세계'에 빠지지 않으려고 노력했고 '사람들이 모르는 명사로 사람들이 다 아는 상식'을 얘기하지 않으려고 애썼다. 또한 문제를 바라보는 나의 '시각'을 독자들과 나누기 위해 노력했으며, 이러한 시각이 생겨난 이유를 설명하는 데에 정성을 다했다.

이것이 바로 '사회학'에 대한 이해다. 사회학은 복잡한 수학적 모형도, 추상적인 이론 개념도 아니다. 사회학은 우리에게 나 자신을 이해하고 세상을 관찰하는 '안경'을 선물한다. 같은 사회학을 연구하는 사람이라도 같은 기간, 같은 마을에 현장 조사를 나가면 관찰하는 현상과 제시하는 문제, 그리고 그 문제에 대한 답이 모두 다르다. 푸코의 영향을 많이 받은 사람은 마을의 일상생활 속에 존재하는 권력 문제에 큰 관심을 보일 것이고, 뒤르켐의 영향을 많이 받은 사람은 마을의 사회 분업 및 사회 단결 문제에 주목할 것이다.

왜 이런 차이가 있는 걸까? 그것은 그가 살아온 삶과 사회학이 '결합'하는 방식이 다르기 때문이다. 이런 의미에서 이 책은 현대인의 사회 병리학을 관찰하고, 이에 대한 나의 개인적 견해를 제시한다. 물론 그것이 꼭 '정답'이라고는 할 수는 없다. 하지만 솔직했다는 것 하나만은 자부한다.

누가 낸 문제길래 이리도 어려운가.
저마다 자기의 답이 정답이라 외쳐대네!

-허용, 「종고루鐘鼓樓」 중에서

사실 어디에도 정확한 답은 없다. 우리는 그저 사회 속에서 내가 편안하게 설 수 있는, 마음 놓을 수 있는 방식을 찾고 있는 것뿐이다.

구체적이면서도 추상적으로 세상을 바라보는 눈을 갖는 것. 그것이야말로 사회학이 우리에게 준 귀중한 선물이 아닐까.

저자 멍청옌

차례

1장 │ 추상의 시대, 우리는 어디에 서 있는가

01 / 현대인의 공허,
삶의 의미를 찾지 못하는 이유

02 / 디지털 덫에서 탈출하기, 게임 중독의 심리

**3장 존재의 가벼움,
관계의 무거움**

1장

추상의 시대,
우리는 어디에
서 있는가

01

현대인의 공허,
삶의 의미를 찾지 못하는 이유

인생이란 먹고 죽으려고 사는 여정이다

○ ● ○

"(당신은) 누구십니까?"

"어디서 오셨죠?"

"어디로 가시나요?"

흔히 입주민이 아닌 외부인이 출입할 때 아파트 보안요원이 주로 던지는 세 가지 질문이다. 그 덕에 한 인터넷 유머 게시판에서 아파트 경비원들이야말로 이 시대의 '진정한 철학자'라는 우스갯소리가 네티즌들의 호응을 얻기도 했다. 보안요원에게는 이 질문이 업무적으로 꼭 필요한 '실질적physical'인 문제이지만, 철학자들에게는 조금 다르다.

그것은 궁극적인 존재의 가치를 되짚어보는 '형이상학적

metaphysical'인 문제가 된다. 그렇다면 현대 사회를 살아가는 우리에게 이 질문은 어떤 의미일까? 어쩌면 자조 섞인 자기반성이 될 수도 있고, 혹은 인생과 삶에 대한 깊은 성찰이 될 수도 있다.

개인적으로 나는 운이 좋은 사람이라고 생각한다. '삶은 무엇일까?'라는 정의 내리기 어려운, 그렇지만 언제나 머릿속을 맴도는 이 지독한 질문에 대해 나는 고등학교 시절, 일찍이 '완벽한' 답을 얻었기 때문이다. 당시 우리 학교에는 두 분의 재미있는 선생님이 계셨다. 한 분은 사회 선생님이셨고, 또 한 분은 국어 선생님이셨는데 두 분 모두 막 대학을 졸업한 후라 열정이 넘쳤고 유쾌했다. 나이 차이가 크지 않아 한창 혈기왕성하던 우리와도 금방 코드가 맞았다. 두 분은 서로 사이도 좋았는데 어느 날 우연히 그들이 나누는 대화를 엿듣게 되었다.

"우리는 뭘 위해 사는 걸까요?"

국어 선생님의 질문에 평소 먹는 것에 진심인 통통한 체형의 사회 선생님은 대수롭지 않게 대답했다. 마치 시답잖은 질문이라도 받은 듯한 표정이었다.

"그야 먹으려고 사는 거죠."

그러자 국어 선생님이 재미있다는 듯 말했다.

"저랑은 완전히 다르네요. 저는 죽기 위해 사는데…."

잠시 둘 사이에 잠깐의 정적이 흐르고 누가 먼저랄 것도 없이 무릎을 치며 말했다.

"그럼, 우리 둘을 합치면 먹고 죽으려고 사는 거네요! 하하!"

그 기막힌 대화는 마치 하나의 진리처럼 다가와 내 뇌리에 깊이 박혔다. 사실 '사람은 무얼 위해 사는가?'라는 궁극적인 질문은 모든 이의 인생에 한 번쯤은 반드시 등장한다. 학창 시절, 첫사랑에 빠져 밤잠을 설치며 설렐 때면, 부모님이나 선생님이 꼭 이런 말을 했다.

"정신 차려! 커서 뭐가 되려고 그러니? 지금 공부해야 커서 훌륭한 사람이 되는 거야."

대학에 진학해 싱글 라이프를 즐기고 있으면, 누군가는 이 시기에 꼭 연애를 해야 한다고 말한다. 그렇지 않으면 괜찮은 사람을 모두 남에게 뺏길 거라고. 직장에 들어가 심한 스트레스를 견뎌내며 겨우 정신을 부여잡고 있으면, 가족이나 친척이 '대동단결'해 결혼을 닦달한다. 마치 이 시기 유일한 삶의 목적이 결혼 외에는 없는 것처럼.

그럼 결혼을 하고 가정을 이루면, 그다음 단계는 무엇일까? 그렇다, 자식이다. 자식을 낳아야 비로소 인생이 완성된다고, 하루빨리 아이를 낳아야 한다고 채근한다. 그런데 한마디로 정의하기 어려운 이 '삶의 의미'라는 문제가 결혼, 가정, 사랑이라는 영역에만 국한된다면 차라리 수월할지도 모른다. 하지만 설령 여기에서만 큼은 '남들 보기에 아름다운' 삶의 의미를 완성했다고 해도, 또 다른 인생의 영역, 즉 '먹고살아야 하는' 실질적인 문제에서 비슷한 맥락의 의문을 맞닥뜨리게 된다. 밤낮없이, 평일이든 주말이든 일에 파묻혀 살다 보면, 어느 날 문득 복잡한 출퇴근길에서 느닷없이 "난 대체 뭘 위해 이렇게 열심히 사는 걸까?" 하는 의구심이 들곤 한다.

본래 온전히 나의 것이어야 하는 시간, 에너지, 삶이 모두 무언가에 사로잡혀 늘 채워지지 않는 목마름에 허덕이다 보면, 미래나 꿈 같은 이야기들이 마치 남의 얘기처럼 느껴지기도 한다. 어쩌면 누군가는 우리의 청춘이 아까운 이유가, 삶의 의미를 찾지 못하고 방황하는 이유가 '재정적 자유'를 얻지 못해서라고 말할지도 모른다. 재정적으로 여유가 없으니 시간적으로도 늘 쫓기는 삶을 살게 되고, 그 결과 인생의 어느 곳에서도 의미를 찾지 못한다고 말이다. 하지만 정말 그럴까?

막상 재정적, 시간적 여유가 주어진다면 우리는 종일 소파에 누워 스마트폰을 들여다보며 하릴없이 시간을 보낼 가능성이 크다. 그런 삶이 정말 즐겁고 보람차고 유쾌할까? 이런 점에서 보면, 본질적으로 인생의 의미란 단순히 재정적 여유로 결정되는 것이 아니다. '매슬로의 욕구 5단계'[1]로 이 문제를 탐구하는 사람도 있겠지만, 지금 여기서는 그보다 더 본질적인 '삶의 의미'에 대해 고민해 보려고 한다. 어쩌면 우리가 생각해 봐야 하는 문제는 '삶의 의미는 어디에서 오는가?'와 같은 것이 아니라 '삶의 의미는 대체 어디에 있는가?', '삶은 정말 의미를 지녀야 하는가?'와 같은 한결 더 날 것의 문제가 아닐까?

삶의 의미, 나 혼자만의 것이 아니다

∘ ● ∘

삶이란 대체 무엇일까? 인간은 생존에 대한 욕구와 식욕만 채우며 살아가면 되는 걸까? 아니면 그보다 더 높은 차원의 궁극적인 삶의 의미를 추구하며 살아야 하는 걸까? 아마 이 문제에 대해 사람들은 각기 다른 대답을 내놓을 것이다. 모든 것이 점점 더 빠르게 돌아가지만, 노력할수록 제자리걸음인 듯한 느낌에, 오히려 뒤처져 가며 힘이 빠지는 이 시대의 젊은이들에게 '대체 왜 살아야 하는지 모르겠는' 권태로움은 하나의 '고정값'이 되어버린 듯하다. 그래서 어쩌면, '삶의 의미'를 찾아 방황하는 것이 일종의 '시대적 징후'가 되어버린 건지도 모르겠다.

그런데 만약 '의미의 상실'이 현대 사회에서 나타난 일종의 시대적 질병이라면, 그 이전, 즉 현대 사회가 도래하기 전의 사람들은 어땠을까? 그들은 삶의 의미를 어디에서 찾았고, 그것을 어떻게 정의했을까? 프랑스 사회학자 에밀 뒤르켐은 자신의 대표작인 『사회분업론』에서 "현대 사회와 전통 사회의 가장 큰 차이는 사람들 사이의 관계 방식과 형태가 크게 달라졌다는 점이다."라고 지적했다. 그는 산업화 이후 현대 사회와 그 이전 사회를 구분하면서, 전통 사회에서는 기계적 연대Mechanical Solidarity가 중요한 역할을 했고, 현대 사회에서는 '유기적 연대Organic Solidarity'가 중심이 된다고 설명했다. 여기서 '기계적 연대'는 사람들이 기술과 교통이 발전하지 않았던 시절, 비슷한 배경을 가진 사람들끼리 주로 교류하는 상황을 말한다. 예를 들어, 같은 혈연이나 고향, 종교를 가진 사람들이 서로 가까운 관계를 맺는 것을 의미한다.[2]

반면, 현대 사회에서는 전통적인 형태의 연대에서 벗어나 새로운 방식의 연대가 형성된다. 생산 기술의 발전으로 대량 생산이 가능해지고, 사람들은 교육을 통해 이윤을 추구하는 것이 정당하다는 인식을 가지게 되었다. 또한 상업과 무역의 발달, 교통 기술의 향상으로 사람들이 교류하는 범위가 넓어졌다. 수많은 산업 도시들이 생기면서 사람들은 예전처럼 익숙하고 편안한 환경을 떠나, 낯선 사람들과 새로운 지역이나 나라와 교류하기 시작했다. 이런

우리는 왜 공허한가

변화들은 사람들이 서로 다른 직업과 배경을 가진 사람들과 연결되는 '유기적 연대'를 만들어냈다.

그런데 이 두 가지 연대가 '삶의 의미' 측면에서 다소 진부하고 추상적으로 느껴지는 이유는 산업화 이전, 즉 '기계적 연대'가 지배적이었던 사회에서는 삶의 의미에 대해 깊이 고민할 필요가 없었기 때문이다. 특히 강력한 종교 신앙으로 결속된 사회에서는, 사람들의 삶의 의미가 사실상 보이지 않는 '사후세계'를 위해 살아가는 것과 같았다. 즉, 삶의 목적이 이미 종교나 전통에 의해 정해져 있었고, 그것을 따르는 것이 자연스러운 일이었다. 또한 사람은 태어나면서 '원죄'를 가지고 태어난다고 믿었기 때문에, 이생에서는 교리에 따라 금욕적이고 절제된 삶을 살아야 원죄를 씻고 구원을 받을 수 있다고 여겼다. 사실 개신교나 천주교, 불교, 이슬람교는 각기 다른 교리와 사후세계에 대해 묘사하지만, 이들 종교는 모두 인간의 '이생'에 대해 중요한 의미를 부여하며, 그로 인해 삶의 기본적인 태도와 질서를 규정한다.

뒤르켐은 『종교 생활의 원초적 형태』라는 또 다른 저서에서 '토테미즘 신앙의 사회적 기초'에 대해 논의하며, 현대 사회가 도래하기 전 인류의 삶의 의미는 종교에 뿌리를 두고 있었다고 지적한다. 그는 특히 인류가 처음 믿었던 원초적인 신앙 중, '씨족 중심의 집단 숭배 문화'가 삶의 의미를 어떻게 형성했는지 보여준다고 설명

한다.[3]

하지만 현대 사회에서 인간의 삶의 의미를 규정하는 것은 단지 종교에만 의존하지 않는다. 정치적, 혈연적 유대와 일상에 스며든 '문화'와 '가치관' 등도 모두 중요한 역할을 하여 '삶의 의미'라는 체계를 형성한다. 예를 들어, 중국 사회에서 깊이 뿌리내린 '충忠'과 '효孝'는 개인의 삶의 의미를 결정짓는 중요한 기준으로 작용한다. 공자를 중심으로 한 유가儒家 사상은 '군신부자君臣父子'의 도리를 강조하며, 국가에 충성하고 부모에게 효도하는 사람만이 도덕적으로나 윤리적으로 '훌륭한 사람'이 될 수 있다고 가르친다.

이를 통해 우리는 중국 전통 사회에서 개인의 삶의 의미가 '가족 중심의 혈연'과 '정치적 윤리'에 크게 의존하고 있다는 것을 알 수 있다. 유교의 가르침은 몸과 마음을 닦아 수양함으로써 집안의 질서를 세우고, 나라를 다스리며, 결국 천하에 평화를 가져온다고 말한다. 여기서 '개인'과 '천하'라는 두 극단적인 개념이 대비되지만, 중요한 것은 그 중간에 위치한 '가정'과 '국가'라는 것이다. 즉, 부모에게 효도하고 국가에 충성해야만 비로소 천하가 평화롭고 태평해진다는 가르침이다.

반면, 서양에서는 삶에 대한 기준과 체계가 종교만이 아닌 다양한 영역에서 영향을 받았다. 철학에 관심 있는 사람이라면 아리스

토텔레스의 '인간은 정치적 동물'이라는 명언을 들어봤을 것이다. 이 말은 고대 정치의 핵심이 국민의 용기와 선량함 같은 도덕적 품성을 일깨워, 도시와 국가를 위해 헌신하고 희생하도록 만드는 데 있음을 의미한다.

종합해 보면, 현대 사회가 도래하기 이전의 전통 사회에서 사람들이 삶의 의미를 둔 '가치 영역'[4]을 살펴보면, 하나의 공통점을 발견할 수 있다. 그것은 삶의 의미를 '나 자신'을 제외한 다른 곳에서 찾았다는 점이다. 종교나 정치, 가정이나 윤리적인 도덕 등 자신이 아닌 외부의 '가치 영역'에 두었다는 것이 매우 흥미롭다.

우리의 부모 세대, 혹은 그 이전 세대의 어른들은 늘 '자식 때문에 산다'고 입버릇처럼 말했다. 사사건건 자식들의 삶을 참견하며 '이게 다 너를 위한 것'이라고 얘기하는 탓에 갈등과 언쟁이 끊이지 않았지만, 그들이 당신의 삶의 의미를 '자식'에게 투영하는 대신 많은 부분을 희생하고 양보했다는 건 부인할 수 없는 사실이다. 그런데 곰곰이 생각해 보면 우리 역시 그렇다. 가까운 친구나 지인이 사는 게 지긋지긋하다고, 차라리 삶을 끝내는 게 낫겠다는 등의 염세적인 말을 하면 "넌 너만 생각하니? 남아 계신 부모님은 어떡하라고!"라며 충고를 건넨다.

결국 이런 말을 하는 이유는 우리의 무의식 속에도 삶의 의미가

허무한 마음을 짊어지고 살아가는 현대인들

○ ● ○

"남을 배려하되, 오직 나를 위해 살자!"

한때 젊은이들의 마음을 강하게 울렸던 말이다. 개인적으로는 이것이 현대인의 '자의식'을 비교적 온화한 방식으로 표현한 말이라고 생각한다. 좀 더 '공격적인' 방식으로 표현하자면, '이 세상의 주인은 바로 나' 혹은 '세상의 중심은 나'와 같은 말들이 있을 것이다.

사실 실제로 말을 내뱉지 않을 뿐, 현대인의 내면 깊은 곳 무의식에는 이와 같은 생각이 뿌리 깊이 박혀 있다. 요즘에는 집안 대대로 전해 내려오는 가업을 물려받고 싶어 하기보다는 본인이 하고 싶은 일, 원하는 일을 찾는 편이다. 또한 누군가의 소개나 부모님이 맺어준 인연보다는 자신이 끌리는 사람과 연애하고 결혼한다. 다시 말해, 삶의 의미를 '외부'에서 찾기보다는 '내가 주인이 되는 삶' 속에서 찾으려고 하는 것이다.

그런데 이상은 높지만 현실이 녹록지 않다는 게 문제다. 문화 예술의 호황, 질 높은 교육, 자연 과학의 발전과 상업의 번영을 겪은 현대인들은 자의식이 충분히 길러진 상태다. 물론 평등과 자유,

독립적인 정신은 현대인이 추구해야 할 아름다운 덕목이긴 하지만, 이를 실현하는 과정에서 '개인'이나 '개체'가 때때로 무겁고 부담스러운 짐처럼 느껴지기도 한다.

지금은 모두가 '내 삶의 주인은 바로 나'라고 외치고 있다. 그들은 스스로 개척하고 만들어가는 인생이야말로 진정한 의미가 있다고 말한다. 하지만 그 과정에서 물밀듯 밀려오는 의심과 불안함을 부정할 수 없다. 과중한 업무, 결혼과 자녀 양육에 대한 부담, 공황장애 등이 현대인의 '키워드'가 된 지도 오래다. 자아를 실현하고 꿈을 찾기 위해 일한다기보다 당장 먹고살기 위해, 회사의 발전을 위해 서비스하는 '도구'로 전락한 것 같은 느낌을 지울 수 없다. 결혼과 출산 역시 자신이 진정으로 원해서라기보다는 사회의 각종 시선과 환경적인 압박 때문에 어쩔 수 없이 선택한다.

학술 연구를 하는 이들 역시 미지의 세계를 탐구하거나 새로운 지식을 추구하기 위해서가 아니라 '논문 발표'를 목표로 하며, 이를 통해 각종 칭호와 직함을 얻어 경제적 이득을 추구하려 한다. 이렇듯 현대인들은 삶의 의미를 '나 자신'으로부터 찾으려고 하지만, 불쑥불쑥 찾아드는 인생에 대한 회의감과 불안감에 시달린다. 이처럼 일과 삶, 두 가지에 압도되어 숨쉬기 어려워지면서 현실을 회피하고 도망가고자 하는 사람들, 심지어 포기하는 사람도 점점 많아지고 있다.

　현대 사회가 시작되기 전, 서양에서는 세계사에 큰 영향을 끼친 종교개혁을 겪으면서 '이윤 추구'와 '부의 축적'이 더 이상 인간의 탐욕이나 허영이 아니라는 생각이 확산되었다. 또한 기존의 기독교 교리에 대항하거나 저항하기보다는, 오히려 미천한 인간이 하나님의 은혜를 입고 선택된 백성의 자격을 얻는 중요한 표상으로 자리잡게 되었다.[5] 더 중요한 건 표면적으로 보면 베버가 주장하는 '프로테스탄트 윤리'[6]가 현대인과 서양 국가의 문제처럼 보였으나, 사실 이는 본질적으로 모든 사람에게 존재하는 보편적인 문제였다는 점이다.

　예로부터 인간의 본성이 선한지 악한지에 대해서는 철학자들 사이에 끊임없는 논쟁이 있었다. 그러나 이익을 추구하고 손해를 피하려 하며, 탐욕적이고 게으른 성향은 분명 인간 본성의 일부이다. 따라서 세상 모든 문명, 종교, 문화, 전통, 정치 체제에 관계없이 본질적으로 인간은 이러한 약점을 가지고 있다. 그러나 자연과학과 산업화의 발전, 그리고 효율을 극대화하려는 현대 사회의 추구 덕분에 사람들은 삶의 수준과 편리함을 보장받게 되었고, 이로 인해 인간 본연의 연약함을 어느 정도 극복할 수 있었다.

종합해 보면, 현대인은 궁극적인 '인생의 의미'를 종교에서 말하는 천국이나 군주의 신성함, 혹은 조상 숭배와 같은 '외부'에서 찾지 않고, 자신의 육신과 삶에서 찾으려고 하지만 그럴 때마다 '환멸주의'를 경험해야만 했다. 이로 인해 현대인은 두 가지 현실적인 어려움을 겪었다. 첫째, 생계를 위해 끊임없이 노력하지만 상황은 좀처럼 나아지지 않고, 그 속에서 삶의 의미가 점차 사라져가는 현실을 마주해야 한다는 점이다. 둘째, 개인의 삶에서 의미를 찾으려 해도 피로와 무력감, 막막함에 자꾸 압도당한다는 점이다. 결국 인생의 궁극적인 의미를 개인과 개체에서 찾으려는 현대인은 시간이 지날수록 마음이 점점 더 공허하게 살아가게 된다.

삶, 누가 낸 문제길래 이리도 어려운지

∘ • ∘

현대인은 삶의 의미를 외부에서 찾기보다는 자기 자신을 궁극적인 삶의 의미를 실현하는 '매개체'로 여긴다. 그러나 이 매개체는 수많은 사회적 현실 속에서 좌절하고 상처를 받으며, 삶에 찌든 모습으로 살아간다. 그리하여 인생의 의미나 삶의 의미를 이야기하기에는 힘겨워 보인다. 그렇다면 우리는 대체 그 의미를 어디에 두어야 할까? 그렇다고 다시 예전의 전통 사회로 돌아가 보이지도 않고 만져지지도 않는 형이상학적인 신성한 것에 인생의 의미를 둘 수는 없다. 그래서 지금의 현대인은 삶의 의미를 완전히 상실했다고 말하기보다는 그 의미를 어디에 두어야 할지 몰라 헤매고 있다고 표현하는 것이 더 적절할 것이다.

인류는 현대 사회라는 거대한 시스템에 발을 들이고 일종의 '환멸주의'가 만연한 세상에 살게 되면서 궁극적인 삶의 의미를, 보다 쉽게 찾을 수 있는 '실천 방안'을 모색하게 되었다.

베버는 프로테스탄트에 관한 이론을 펼치면서 현대 사회 속에서의 '직업'을 '천직calling'이라 칭했다. 이는 하늘의 부르심을 받았다는 뜻이다. 간단히 말해 베버는 현대 문명 속 개체가 직업의 세계에 발을 들이는 것이 단순히 생계를 유지하기 위한 돈 버는 행위가 아니라, 신이 부여한 신성한 사명을 이행하는 것이라 보았다. 그리고 그는 삶의 의미가 바로 이 과정 속에 있다고 보았다.

실제로 베버뿐만 아니라 동시대의 사회학자였던 뒤르켐도 『직업윤리와 시민 도덕』에서 인류가 '기계적 연대'에서 '유기적 연대'로 진입하면서 사회의 분업 체계가 나날이 복잡해졌고, 그에 따라 직업적 커리어가 사람들의 일상 속 대부분의 시간과 에너지를 차지하게 되었다고 주장했다. 또한 그는 직업이 실질적으로 시민 도덕을 양성하는 중요한 직책을 담당하게 되었다고 보았다. 종교는 교리를 통해, 정치는 충성심을 통해, 혈연은 효孝를 통해 도덕을 길러내는 것처럼 시민 도덕은 직업을 통해 실현된다고 말했다.[7]

대학에서 사회학 이론 시간에 학생들에게 베버의 '천직' 개념에 대해 가르칠 때 있었던 일이다. 수업이 거의 끝나갈 즈음, 한 학생이 손을 번쩍 들고 질문을 던졌다.

"교수님 말씀대로라면, 서양인들은 돈을 벌거나 생계를 유지하기 위해서가 아니라, 신의 사명을 실현하고 삶의 의미를 추구하기 위해 직업을 선택하고 일한다는 뜻인가요?"

이 질문에 정확히 답하려면 아마 현재의 서양인들을 대상으로 대규모 설문 조사를 해야 할 것이다. 하지만 꼭 그렇지 않더라도, 일상의 경험을 바탕으로 보면 위 질문에 대한 답은 대체로 'NO'라고 할 수 있을 것이다. 이는 베버의 이론이 틀렸다는 의미가 아니다. 오히려 그는 '천직'이라는 개념이 현대 사회에 미치는 영향을 정확히 간파했을 뿐만 아니라, 시스템이라는 거대한 감옥에 갇힌 현대인의 운명을 예언한 셈이다. 치열한 경쟁과 아무리 노력해도 상황이 나아지지 않는 현실에서, 사람들은 종종 '무기력함'을 느낀다. 그럼에도 불구하고 현대 사회는 '효율 중심, 성과 중심'을 외친다. 이런 상황에서 '삶의 의미'를 고민하고 답을 찾아가는 과정은 종종 쓸모없는 일처럼 여겨진다.

직업의 의미가 변질되고 축소된 모습은 현대 사회를 보여주는 하나의 축소판에 불과하다. 앞서 언급했던 것처럼 결혼이나 커리어는 물론, 삶의 모든 면에서 우울감과 무기력감을 기본값으로 설정한 현대인들에게 '삶의 의미'를 찾는다는 것은 사라져 없어질 신기루에 가까운 것일지도 모른다. 하지만 잠시 그 환상에서 깨어나 정신을 차린 사람들은 여러 방식으로 어떻게든 그 의미를 '구출'해 내려는 노력을 하고 있다.

2차 세계대전 이후, 서양에는 '비트 제너레이션beat generation[8]'이라 불리는 문학파가 등장했다. 그들에게 이토록 부정적인 칭호를 붙인 이유는 무엇일까? 이 문학파의 대표적인 인물 잭 케루악의 소설 『길 위에서On The Road』는 겉으로는 길 위를 방랑하며 낭만과 자유를 만끽하는 젊은이들의 삶을 그려내는 듯하나, 결국 본질적으로는 '삶의 의미는 무엇'이며 '현시대 사람들의 궁극적인 존재의 의미는 무엇인가'와 같은 근원적인 문제에 관한 고민을 담고 있다.

책의 제목을 통해 알 수 있듯이 작가가 전달하고자 하는 메시지는 분명하다. 우리는 종종 '지금, 현재를 즐겨야 한다'고 말하지만, 과연 '현재'를 살아낸다는 건 무슨 뜻이고 그건 우리에게 어떤 의미를 주는 것일까? 미친 듯이, 1분 1초를 치열하게 사는 것이 의미 있는 삶일까? 아니면 집도, 결혼도, 아이도, 소비도 하지 않고 포기하고 살면 모든 근심과 번뇌가 사라질까? 다들 '진정한 나로 살아야 한다'고 말하지만 대체 '진정한 나'란 무엇일까? 만일 그 '자아'라는 것이 텅텅 비어있는 상태라면, '진정한 나'로 산다는 게 무슨 의미가 있을까?

소위 '길 위에서'라는 표현은 사실 두 가지 시각으로 해석할 수 있다. 첫 번째는 '길 위에 있는 모든 순간' 그 자체를 의미로 보는 해석이다. 이는 '형이상학적인' 문제를 '실질적인' 문제로 바꾸는 것과 같다. 책의 서두에서 언급한 '먹고 죽으려고 사는 인생'의 모든 순간이 곧 인생의 의미 그 자체라는 시각과 유사하다. 또 다른 해석은 길 위에 서 있는 것을 현대인의 보편적인 운명으로 보고, 시종일관 삶의 의미를 찾아 헤매는 행위 자체가 바로 삶의 본질이라고 보는 것이다.

'삶의 의미'라는 이 문제에 대해서는 나 역시 정확한 답을 내릴 수 없다. 허용이 「종고루」에서 노래했던 것처럼 "누가 낸 문제길래 이리도 어려운지…." 알 수 없는 일이다. 과연 사람들에게 삶의 의미가 정말 필요한 것인지, 그 의미는 어디에서 찾아야 하는지, 삶의 의미란 도대체 무엇인지에 대해서는 근본적으로 정답이 존재하지 않는다. 하지만 현대인에게 필요한 것은 어쩌면 그 정답이 아니라, 진정한 용기일지도 모른다.

02

디지털 덫에서 탈출하기,
게임 중독의 심리

중독, 그것은 우리의 내면에 세팅된 습관이다

○ ● ○

2022년 가을, 중국에서 '양러거양羊了個羊'이라는 모바일 게임이 하루아침에 그야말로 '광풍'을 일으켰다. 웨이보를 비롯한 각종 SNS와 인터넷 검색 사이트에서 '양러거양' 관련 검색어가 1~5위를 휩쓸 정도로 화제였다. 심지어 게임 서버는 접속자가 몰리면서 세 차례나 다운되는 일이 벌어졌다. 별도의 다운로드 없이 위챗[9]을 구동하면 바로 즐길 수 있는 미니 프로그램인 이 게임은 누구나 간편하게 이용할 수 있고 게임 방법도 매우 단순하다는 것이 최대 장점이다.

이 단순한 게임이 단기간에 선풍적인 인기를 얻을 수 있었던 가장 큰 이유는 현재의 기술 환경과 상업 프로세스가 절묘하게 결합

되었기 때문이다. 이 과정에서 가장 주목할 만한 핵심은 바로 모바일 게임 사용자의 '수치'다. 이러한 추상적인 숫자는 개발자와 투자자들에게 광고 유치와 같은 무한한 비즈니스 기회를 제공할 수 있는 잠재적 자원으로 여겨진다. 물론 이번 장에서 게임 산업의 자본 운영 방식이나 그 논리에 대해 논의하려는 것은 아니다. 대신 폭발적인 인기를 얻었던 게임을 사례로 삼아, '게임'이 현대인과 현대 사회에서 어떤 의미를 가지는지 함께 고민해 보고자 한다.

사실 기술의 발전과 사용자의 끊임없는 '세대교체'를 생각해 보면 '양러거양'이라는 이 단순하기 그지없는 모바일 게임이 해당 업계의 '선두주자'가 된 것은 매우 의외다. 온라인 시대가 열리고 가정용 PC와 스마트폰의 보급으로 전체적인 게임업은 수많은 히트작을 출시했다. 기술을 기반으로 하는 게임은 영상이나 플레이 조작 면에서 모두 나날이 업그레이드되는 사용자 체험을 제공하고 있다. 마치 거대한 흡입력을 지닌 블랙홀처럼 무수한 사용자와 게임 개발업체를 해당 영역에 빨아들이는 중이다. 이처럼 거대한 사용자 규모는 경제적인 면에서 자본의 효용성과 취업 기회를 창출했지만, 청소년 게임 중독이라는 커다란 사회적 이슈를 만들어내기도 했다.

대다수 사람은 게임 중독, 인터넷 중독은 마약 중독처럼 신체에 직접적인 해를 입히는 것에 비해 훨씬 그 위험성이 덜하다고 생각하지만 실제로는 그렇지 않다. 사회가 본격적으로 인터넷 시대에 접어들면서, '인터넷'과 그로 인한 '파생품'에 중독되는 문제는 끊임없이 사회적 이슈로 떠오르고 있다. 특히 '인터넷 중독 청소년'을 대상으로 하는 불법 치료 기관까지 등장했는데, 그 중 대표적인 예로 전기충격요법을 이용해 인터넷 게임 중독을 치료하는 양용신 교수의 치료 센터가 있다. 마약 중독과 그 치료가 생리학적 범주에 속한다면, 인터넷 중독과 게임 중독은 주로 심리학적인 영역에 속한다고 할 수 있다. 그러나 사회학을 연구하는 입장에서 나는 이 문제를 '게임 중독'이라는 '사회적 현상'으로 보고, 사회학적 범주에서 그 의미를 짚어보고자 한다.

게임을 사랑하고 즐기는 사람들은 우리 주변에서 쉽게 찾아볼 수 있다. 스마트폰을 손에 쥔 채 오랜 시간 집중하고 있는 사람이라면 대부분 게임을 하고 있을 가능성이 높다. 그러나 즐거움의 수단이었던 게임이 중독으로 이어질 때는 이야기가 달라진다. 게임에 몰두한 나머지 가족과의 관계를 등한시하거나 연속으로 밤을 새우며, 심지어 게임을 하다가 극단적인 사고로 생명을 잃는 경우까지 발생하고 있다. 그렇다면 현대 사회, 특히 젊은 층에서 '게임

우리는 왜 공허한가

중독' 현상이 이렇게 두드러지는 이유는 무엇일까?

우리는 일단 '중독'과 관련된 심리학적, 뇌 과학적 논의는 잠시 뒤로 하고, '사회학적인 관점'에서 이 문제를 살펴보려 한다.

사람은 본래 어떤 일에 '집중'하고 '몰입'하는 본성을 지닌 존재다. 이를 설명하기 위해 어려운 이론이나 논문을 들먹일 필요도 없이 일상에서 쉽게 확인할 수 있다. 게임에 중독되지 않더라도 술이나 담배, 축구나 농구 같은 취미에 빠져 사는 사람들을 떠올려보자. 특히 운동에 빠진 사람들은 하루 종일 운동장에서 시간을 보내는 경우가 많다. 음악에 빠지거나 트래킹에 몰두하는 사람도 마찬가지다.

이러한 사례는 셀 수 없이 많다. 인간은 동물임과 동시에 주관적인 의지를 가진 '고등 동물'이기 때문에 무엇에 깊이 빠지는 것은 그 사람의 의지가 발동한 결과라고 볼 수 있다. 쉽게 말해 어떤 일에 몰입하는 현상은 현대인들에게 보편적으로 나타나는 현상이며, 인간 본성의 일부라 할 수 있다. 왜냐하면 우리의 삶은 무수히 많은 현상으로 가득하고, 그 현상들이 우리의 본성에 부합할 때 우리는 그에 몰입하고, 그 속에서 즐거움과 만족을 느끼기 때문이다.

'몰입'을 인간 본성의 일부로 본다면, 그것은 자연스러운 현상일 수 있다. 그럼에도 불구하고 왜 많은 사람이 '게임 중독'에 대해 거부감을 느낄까? 아마 누군가는 "게임은 기계적이고 공부에 방해가 되며, 실생활에 아무런 도움이 되지 않기 때문이다."라고 말할지 모른다. 이 해석은 바로 막스 베버가 말한 '목적 합리성'의 전형적인 방식이다. 그들은 축구를 하면 최소한 몸을 단련할 수 있고, 음악에 빠지면 최소한 정서 함양에 도움이 되지만, 게임은 의지 상실을 초래할 뿐 그 외에는 아무런 긍정적인 효과가 없다고 주장한다.

그러나 이러한 주장에는 분명한 편견이 존재한다. 이른바 '편견'을 바탕으로 한 비판과 해결책은 일단 잠시 제쳐두고, 나는 그보다 더 근본적인 문제, 즉 '왜 현대의 사람들은 온라인 게임과 모바일 게임에 그렇게 쉽게 빠져드는가?'라는 질문에 대해 탐구해 보고자 한다.

사실 게임은 오래전부터 우리 곁에 있어 왔다. 20세기에는 전자식 비디오 게임이 선풍적인 인기를 끌었으며, 특히 80년대생이라면 어린 시절 슈퍼마리오나 스트리트 파이터 같은 게임을 즐기기 위해 게임팩을 모았던 기억이 있을 것이다. 당시에도 부모들은 아이들의 게임 몰입을 걱정하며 이를 비판하거나 제한하려 하곤 했지만, 오늘날처럼 '중독'이라는 심각하고 자극적인 표현을 사용하지는 않았다. 왜 그랬을까?

하나의 '신체 기관'이 되어버린 스마트폰

○ ● ○

80년대생이라면 어릴 적 손에 들고 다니던 휴대용 게임기나 게임팩 게임기, 혹은 동네 문방구나 슈퍼 앞에 있던 오락기 앞에서 콘솔이나 버튼을 두드려가며 시간 가는 줄 모르고 게임에 푹 빠졌던 기억이 한 번쯤은 있을 것이다.

그때와 지금 과연 무엇이 다른지 가만히 생각해 보자. 게임의 '매개물'은 게임기와 PC 통신에서 스마트폰으로 바뀌었고, 그 '매개물'의 생존 환경이나 기본적인 구조는 단일 기기나 전화망에서 5G를 기반으로 하는 초고속 통신 기술로 변화했다. 즉, 게임의 전체적인 '에코시스템'이 완전히 달라졌다. 현대 인류에게 스마트폰이란 단순한 통신 도구, 그 이상의 의미가 있다. 어떻게 보면 일상을 유지하는 생활필수품이다.

20여 년 전, 미국의 사회학자 마누엘 카스텔Manuel Castells은 컴퓨터와 인터넷을 중심으로 한 기술 혁명이 인류 사회에 미칠 거대한 영향을 예견하며 『네트워크 사회의 도래』라는 책을 저술했다. 오늘날의 시각으로 보면 이 책에서 특별히 신선하거나 탁월한 통찰력이 돋보이지 않을 수도 있다. 하지만 20년 전 당시를 떠올리면 이야기는 달라진다.

만약 누군가가 그때 "앞으로는 스마트폰 하나만 들고 다니면 모든 일이 해결됩니다. 전 세계 사람들이 네트워크를 통해 실시간으로 하나의 게임에 접속할 수 있는 날이 올 겁니다."라고 말한다면, 아마 대부분은 정신 나간 소리라며 코웃음을 쳤을 것이다. 그러나 카스텔은 『네트워크 사회의 도래』에서 이러한 미래를 명확하게 분석하고 예견했다. 그는 네트워크와 디지털 기술이 우리 사회에 가져올 변화를 다음과 같이 정리했다.

"그것은 인류 사회의 생산 능력과 방식을 변화시키는 '촉매제'의 역할을 할 뿐 아니라 새로운 대중문화와 미디어를 배양하는 '인큐베이터'의 역할을 할 것이다. 상품의 생산에서부터 우리의 일상에 이르기까지, 개인에서부터 사회에 이르기까지 인류 세계를 전방위적으로 변화시키고 면면에 영향을 줄 것이다."[10]

어쩌면 누군가는 인터넷이나 스마트폰은 물론 사물인터넷이나 메타버스, AI 인공지능 등은 그저 '기술'에 불과할 뿐이라고 말할 수 있다. 그렇지만 현대 인터넷 기술의 가장 큰 특징은 기술적인 속성, 그 본연의 특징을 완전히 넘어섰다는 점이다.

요즘 사람들은 집을 나설 때 가장 먼저 스마트폰부터 챙긴다. 스마트폰으로 결제를 하고, 물건을 구매하며, 책을 읽거나 음악을 듣고, 영상을 시청하기도 한다. 일상의 거의 모든 일을 스마트폰으

우리는 왜 공허한가

로 해결한다고 해도 과언이 아니다. 삶의 방식도 많이 바뀌었다. 짧고 빠른 텍스트를 읽는 데 익숙해진 사람들은 한자리에 앉아 호흡이 긴 장편소설이나 영화를 보는 게 부담스러워 줄거리만 요약해 준 쇼츠를 돌려본다. 심지어 그런 쇼츠 영상조차 '돌려 감기'로 빨리 해치운다.

이렇듯 일상에 깊숙이 스며든 변화 속에서, 스마트폰은 더 이상 단순한 기계가 아니라 일종의 '신체 기관'처럼 자리 잡게 되었다. 사람과 기기가 하나가 된 상황에서 스마트폰을 통해 게임을 즐기면 그 어떤 상황보다 쉽게 빠져들 가능성이 크다. 이유는 간단하다. 게임을 즐기기 위한 시간적·물질적 비용이 이전보다 훨씬 줄어들었기 때문이다. 예전처럼 PC방에 가거나 함께 플레이할 사람을 찾아 나설 필요도 없이 스마트폰만 있으면 언제 어디서든 게임을 즐길 수 있다. 또한 선생님이나 부모님, 심지어 주변 감시자의 눈을 피하기도 훨씬 쉬워졌다.

허구와 진실이 공존하는 이율배반의 세상

○ ● ○

현대의 게임은 여러모로 빠져들기 쉬운 조건들을 갖추고 있다. 그중에서도 중요한 이유 중 하나는 바로 '사회학적 특징'에 있다.

언뜻 들어서는 그 의미가 잘 이해되지 않는데 좀 더 구체적으로 말하자면, 현대의 게임 콘텐츠와 형태는 현대 사회의 '선택적 친밀함'과 깊은 관계를 맺고 있다는 것이다. 즉, 게임은 사람들 간의 관계 형성 방식과 밀접하게 연결되며, 이는 게임의 몰입도를 더욱 높이는 요인으로 작용한다.

온라인 시대를 살아가는 '현대인'이 처한 현실과 일상은 과연 어떤 모습일까? 대부분의 사람은 이 질문에 '무력감', '외로움', '우울감', '불안함', '대인기피', '공황장애' 등의 단어를 떠올린다. 이러한 단어들을 통해 우리는 현대인의 분명한 특징을 발견할 수 있다. 즉, 혼자 있는 삶을 즐기면서도 사람들을 그리워하며 인생의 의미를 어디서도 제대로 찾지 못해 방황한다는 점, 누군가에게 이해받고 사랑받고 싶어 하면서도 막상 사람들과 어울리는 걸 두려워하고 그 과정에서 상처받는 걸 무척 싫어한다는 점이다. 이런 상황에서 게임을 주요 콘텐츠로 하는 온라인 세상은 현대인에게 '상처받지 않고' 마음껏 나를 보여줄 수 있는 가장 큰 가능성과 무대를 제공한다.

익명성이 보장된 사이버 공간에서 모든 플레이어는 '이론적'으로 '허구의 자유'를 누릴 수 있다. 소위 허구의 자유란 쉽게 말해 부담이 전혀 없는 자유를 일컫는다. 무슨 뜻일까? 게임을 하다가 팀원이 허접한 기술을 선보이거나 실수를 저지르면 문자로 욕을 하거나 심지어 마이크를 켜고 욕을 퍼부을 수도 있다는 말이다. 그러한 행동이 어떤 결과를 초래할지는 대다수 사람이 생각하지 않는다. 함께 게임을 하긴 해도 현실에서는 서로 모르는 사람들이고 설령 누군가에게 욕을 들었다 해도 진짜 그 사람이 누구인지 찾아 나서는 사람은 거의 없기 때문이다. 게다가 게임의 세계에서 플레이어는 아이디를 자주 바꿔가며 아주 빠르게 모였다 흩어지는 행위를 반복한다.

사실 '컴퓨터 게임'이나 '온라인 게임'은 최근 등장한 신생 문화가 아니다. 그러나 최근 10년 동안 이동통신 기술의 급격한 발전은 이 산업에 커다란 변화를 불러왔다. 그중에서도 가장 두드러지는 특징은 게임의 '휴대화'와 '신속화'이다. 21세기 초만 하더라도 PC 게임, 예를 들어 스타크래프트, 레드 얼럿, 워크래프트 등은 근거리 통신망^{LAN}을 기반으로 이루어졌으며, 대부분 아는 사람들끼리 함께 즐기는 경우가 많았다. 당시 게임은 자극과 즐거움을 추구하는 동시에 전략성을 중요시했다. 특히 월드 오브 워크래프트 같은 게임은 '길드'나 '클랜'을 통해 커뮤니티 활동을 강조하며 협력의 재미를 더했다.

반면 오늘날의 게임은 전혀 다른 양상을 보인다. 익명의 유저들이 빠르게 모이고 흩어지며, 개인 단위로 레벨이나 등급을 측정하는 방식이 주를 이루고 있다. 플레이 시간이 짧아졌고, 템포 역시 눈에 띄게 빨라졌다. 이제 많은 사람은 군이 팀플레이에 의존하지 않고도 손쉽게 게임에 몰입할 수 있으며, 현실의 무게를 잠시 내려놓고 단시간 안에 성취감을 맛볼 수 있는 구조로 변모한 것이다.

현대인의 삶 속에 온라인 게임이 깊숙이 자리 잡은 이유를 이해하려면, 게임 자체의 다양한 특징뿐만 아니라 현대인의 '존재 상태'에 대해서도 고민해 볼 필요가 있다. 일반적으로 현대인은 문화예술의 부흥, 높은 교육 수준, 대항해 시대와 산업혁명, 세계화라는 복잡한 역사를 거쳐 이른바 '현대'라는 문턱을 넘어서게 되었다. 이러한 과정을 통해 형성된 현대인의 근본적인 '존재적 기반'은 바로 이성에 뿌리를 두고 있다. 그러나 역설적이게도 막스 베버의 지적처럼 현대인은 이성이라는 '합리성의 강철 새장'에 갇혀 있다고 할 수 있다.

"앞으로 이 새장 속에서 누가 살아가게 될지는 아무도 알 수 없다. 이 놀라운 발전의 끝에 어떤 새로운 '선지자'가 나타날지, 혹은 오래된 고정관념에 혁신적인 변화가 일어날지, 아니면 사람들이 찬양하던 편리한 기계에 오히려 지배당하는 삶을 살게 될지, 그 누구도 정확히 예측할 수 없다. 너무 빠르게 변하는 시대의 흐름 속에서 전문가들조차 혼란에 빠져 방향을 잡지 못하고 있는 상황인데, 사람들은 여전히 새로운 문명의 발전을 원하고 있기 때문이다."[11]

베버는 '새장' 속에 갇힌 현대인이 모든 일을 철저히 이해득실로 따지며, 최소한의 비용으로 최대한의 효율을 추구한다고 보았다. 온라인에서 큰 공감을 얻었던 "어른들은 옳고 그름을 따지지 않는다. 그저 이해관계만 신경 쓸 뿐이다."라는 말 역시 이러한 맥락을 반영한 것이다. 하지만 인간은 다른 생물들과 뚜렷이 구별되는 '고등 동물'로, 본질적으로 어떤 행동을 하든 '고귀한 가치'를 중시하려는 경향이 있다. 그런데 현실에서는 직장의 치열한 경쟁이나 실리만을 추구하는 인간관계 속에서 이러한 가치를 잊는 일이 빈번하게 발생한다.

이런 현실에서 익명성이 보장된 게임 세계는 현대인에게 특별한 '편안함'을 준다. 거기서는 남을 배려하지 않고 하고 싶은 대로 행동해도 제약이 없다는 점에서 매력을 느낀다. 게임을 하며 천군만마를 지휘해 성취감을 얻고, 필요 없다고 판단되면 언제든 팀원을 떠날 수도 있다. 이렇게 도덕적 죄책감이나 부담 없이 즐길 수 있는 '시스템'이 현대인의 심리에 꼭 맞아떨어지는 것이다.

한편, 현대 디지털 게임과 인터넷 게임의 콘텐츠와 주제는 정치적 요소와 깊은 연관성을 가지고 있다. 예를 들어, '워크래프트', '월드 오브 워크래프트', '디아블로'는 서구 신화를 모티브로 하고 있으며, '스타크래프트'는 외계 생물과 우주를 향한 인간의 무한한 상상력이 담겨 있다. 이처럼 현재 인기 있는 게임들은 항상 당시의 세계 정세를 배경으로 삼고 있으며, 프로그램 설계에는 정치적 요소가 교묘하게 반영되어 있다.

팀플레이가 필요한 게임이 특별히 매력적인 이유는 비록 허구의 세상이지만, 스스로 팀을 결성하고 질서를 만들며, 백 명이 넘는 '동맹원'을 다스릴 수 있기 때문이다. 현실에서는 상상조차 어려운 일이 이 허구의 세계에서는 얼마든지 가능하다. 팀을 어떻게 구성할지, 어떤 질서를 정할지, 권력을 어떻게 분배할지, 리더는 어떤 원칙에 따라 선출될지, 팀의 규칙은 어떻게 만들어지고 그 규칙을 어떻게 실행할지 등은 사실 정치 사회학에서 다루는 '원문제 Meta-question'와 다르지 않다. 게임 세계에서 유저는 자신이 관리하는 동맹체를 '정글의 법칙'이 지배하는 무정부 상태로 만들 수도 있고, 독립적이고 체계적인 질서를 갖춘 체제로 구성할 수도 있다.

이처럼 게임은 각종 규제에 억눌린 현대인에게 일탈의 기회를 제공한다. 장위후이姜宇輝의 저서 『게임은 왜 정치가 되는가遊戲何以政治』에서 "책략, 경영, 시뮬레이션이 요구되는 게임에서는 복잡한 과정을 통합하고 전략적으로 운영해야 한다. 그 목적은 게임 속 사회와 국가에 더 나은 미래를 만들어주는 데 있다."라고 언급한다. 이 과정에서 플레이어는 정치라는 것이 생각보다 단순하고 친숙한 개념임을 점차 깨닫게 된다. 게임 속 정치를 통해 플레이어는 '마우스를 손에 쥐고도 미래를 만들어 갈 수 있다'는 자신감을 얻고, 동시에 '세상의 흥망성쇠가 나에게 달려 있다'는 책임감과 사명감을 부여받는다."[12]

현대의 게임은 마치 '유랑자'와 같은 현대인의 상태와 완벽히 맞아떨어지는 '화친和親' 관계를 형성한다. 이는 현대인이 추구하는 자유와 자아 실현의 가치를 충족시키면서도, 익명성을 보장하고 허구의 세계에서 부담 없이 자신을 표현하거나 쉽게 사라질 수 있는 환경을 제공하기 때문이다. 또한 온라인 사회를 각종 '부호'로 이루어진 의미 체계로 본다면, 이는 중국의 유명 사회학자 예치정菓啟政의 견해와도 상통한다.

"이토록 끝없는 부호로 자생하는 허구의 세계에서 인간은 필사의 노력으로 살아가지 않아도 되고 치명타를 입을 기회도 많이 없다. 자유롭게 떠다니는 한 점의 구름처럼 어디로든 자유롭게 유랑할 수 있다."[13]

결론적으로 유랑하듯 생존하는 현대인에게 게임 세계는 편안하고 안전한 공간을 제공하며, 그 안에서 자아를 자유롭게 펼칠 수 있는 기회를 마련해 준다.

가상 세계를 넘어서, 현실에 집중하기

· ● ·

오늘날 모바일 및 온라인 게임은 단순한 오락을 넘어선 중요한 산업으로 자리 잡았다. 이들은 비즈니스 사회의 핵심 요소로서 체계적인 산업 구조를 형성하고 경제적 수익을 창출하며, 다양한 일자리를 제공하는 거대한 산업으로 성장했다. 또한 게임 콘텐츠의 설계와 구조는 현대인의 특성과 깊은 연관을 맺고 있다. 게임은 현대인에게 개인적 자유를 실현할 수 있는 공간을 제공하며, 책임에서 벗어난 자유 속에서 기쁨과 즐거움을 누리고, 동시에 성취감을 느낄 수 있게 한다. 특히 현실감 넘치는 배경 설정과 가상현실VR 기술의 발전으로, 현실과 환상의 경계가 점차 흐려지고 있다.

온라인 시대 이전, 그리고 현대 사회 도래 이전에 인간은 '경험적 동물'이었다. 즉, 직접 경험을 통해 세상에 대한 인지와 관점, 사고방식을 형성했다. 그러나 기술과 미디어의 발전으로 라디오, 텔레비전, 인터넷을 거치면서 대중은 점차 간접 경험을 통해 세상을 인지하는 방식으로 변화했다. 이러한 효율적인 방식은 현대인의 전폭적인 지지를 받으며, 매개 시스템은 인간의 '촉각'처럼 기능하게 되었다. 이 과정에서 현실에 가까운 게임은 허구와 개인의 존재 간 거리를 좁히고, 둘을 하나로 융합시키기에 이르렀다. 사회학자 예치정은 이를 정확히 지적하며 다음과 같이 말했다.

"사람과 사람 간의 관계는 추상화되거나 심지어 텅 비어있는 관계가 될 것이다."[14]

그가 지적한 추상적 인간관계는 현대 게임 속에서 그대로 드러난다. 사람 간의 만남과 이별이 단지 클릭 한 번으로 이루어진다. 클릭으로 게임에 접속하거나 접속을 차단하며, 팀원을 퇴출하거나 제거하는 일도 가능하다. 기술이 발전하고 게임이 현실과 더 가까워질수록 현대인은 점점 더 '이성적'이 되고, 현실 세계가 게임에 '식민화'되는 과정은 더욱 빠르고 쉬워진다. 비록 게임 중독을 방지하기 위해 더 엄격한 관리와 시스템을 도입하고 있지만, 진정 중요한 문제는 "어떻게 하면 현대인이 가상 세계가 아닌 현실에 더 집중하도록 할 수 있을까?"라는 질문이다. 어쩌면 이것이야말로 게임 중독 문제를 근본적으로 해결할 실마리가 될 것이다.

'알고리즘'이라는
새로운 디지털 식민지

알고리즘, 조용히 우리의 삶을 잠식하다

○ ● ○

매년 신학기가 되면 신입생들에게 '사회학개론'을 가르치는데 나는 사회학이 결코 비실용적이거나 비인기 또는 '부수적인' 학문이 아니라는 점을 분명히 강조한다. 사회학은 현대 사회가 직면한 거대한 변화에 대응하기 위해 탄생한 학문으로, 현대인의 시대적 운명과 깊은 관련이 있는 지식임을 자세히 설명하려 노력한다. 한 번은 한 학생이 이렇게 질문했다.

"교수님께서는 '현대 사회'와 '현대인'을 특별히 강조하시는 것 같은데, 대체 현대인의 특징이 뭡니까?"

사실 순수 지식이나 학술적인 관점에서 보면 이 문제에 대한 대답은 매우 제한적일 수밖에 없다. 보통 현대인을 떠올렸을 때 연상되는 단어는 '이성', '문명', '독립', '자주', '실리' 등이 있다. 그렇지만 조금 더 직접적이고 신랄하게 현대인의 특징을 설명하라면 나는 "현대인에게는 세 개의 손이 있다. 왼손, 오른손, 그리고 스마트폰이다."라고 말하고 싶다. 비록 '미치광이 과학자'들이 '뇌-컴퓨터 인터페이스BCI'[15]를 연구하고 있긴 하지만, 임상을 거쳐 상용화되려면 아직 수년, 혹은 십여 년 정도의 시간이 필요하다.

그러나 현대 사회에서 성인들에게 하나의 '신체 기관'처럼 자리 잡은 스마트폰은 이제 단순한 통신 수단을 넘어 '삶' 그 자체가 되어버렸다. 밥을 먹거나 쉴 때, 여행이나 출장을 갈 때, 회의나 업무를 처리할 때 스마트폰이 없으면 불편함을 느낀다. 우리가 살아가는 세상은 이제 스마트폰을 중심으로 만들어져 가고 있다고 해도 과언이 아니다.

그렇다면 우리의 삶을 지배하는 것이 과연 스마트폰이라는 그 기기일까? 만약 그렇게 말한다면, 스마트폰 입장에서는 조금 억울할 수도 있다. 왜냐하면 실제로 우리의 삶을 지배하고 움직이는 것은 바로 눈에 보이는 기기가 아닌, 보이지 않는 알고리즘이기 때문이다.

알고리즘이란 무엇일까? 이를 설명하기 위해 먼저 나의 이야기를 들려주고자 한다.

80년대 출생으로, 더우웨이와 장추 같은 로큰롤 가수들의 음악을 들으며 사춘기 시절을 보낸 나는 여전히 그들의 노래를 즐겨 듣는다. 최근에는 여러 스트리밍 애플리케이션을 사용해 원하는 로큰롤 음악을 찾아 듣고 있는데, 요즘 들어 내가 사용하는 각종 음악 애플리케이션에서 「모허 댄스홀漠河舞廳」과 비슷한 스타일의 음악과 '밈meme'[16]을 연이어 추천하기 시작했다. 그 이유를 곰곰이 생각해 봤더니 얼마 전 한 숏폼[17] 플랫폼에 올라온 영상을 보다가 배경음악으로 나온 노래를 듣고 그 멜로디에 푹 빠졌다. 그 후 다른 음악 플레이 애플리케이션에서 그 노래를 검색해 다운받고 반복 재생으로 즐겼다. 아마도 일정 기간 동안 특정 곡의 재생 횟수가 높았기 때문에, 내가 사용한 애플리케이션 뒤에 숨은 알고리즘이 내 취향을 분석하고, 빅 데이터를 바탕으로 비슷한 스타일의 음악을 추려내 나에게 추천했을 것이다. 이처럼 내가 의도하지 않았음에도 불구하고 개인의 음악적 취향은 알고리즘에 의해 무의식적으로 '지배'당하게 되는 현상이 발생하는 것이다.

만일 음악적 취향을 하나의 개인적인 '기호'라고 한다면 일상생활의 의식주도 같은 '알고리즘'의 영향을 받는다.

지난 학기, 나는 오전 3교시, 오후 3교시로 연달아 6교시 수업이 많았다. 중간에 한 시간 틈이 있어 자주 배달 음식을 시켰는데, 시간이 지나면서 배달 앱을 열면 항상 맥도널드, KFC, 버거킹 같은

우리는 왜 공허한가

패스트푸드점이 첫 번째로 추천됐다. 다른 음식을 먹고 싶을 때는 스크롤을 한참 내려야만 다른 식당을 찾을 수 있었다. 하지만 배달 음식을 시키는 본래의 이유는 시간을 아끼기 위해서였기에, 결국 가장 가까운 햄버거 가게를 선택하게 되었다. 이렇게 무의식적으로도 내 '식食' 문제는 알고리즘에 지배를 받게 된 것이다.

아마 나와 비슷한 경험을 한 사람이 많을 것이다. 숏폼 플랫폼에서 특정 유형의 영상을 많이 보고 시청 시간이 길어질수록, 그와 유사한 카테고리의 영상이 더 많이 추천된다. 예를 들어, 범죄 수사극을 자주 본 사람에게는 같은 유형의 작품들이 계속해서 추천된다. 그렇다면 스마트폰이 우리의 삶을 지배한다고 말하기보다는, 눈에 보이지 않는 알고리즘이 우리의 삶을 조용히 잠식하고, 보이지 않는 '네트워크' 속에서 우리의 취향과 행동을 정의하고 재창조해 나가고 있다고 표현하는 것이 더 정확할 것이다.

알고리즘의 얼굴 없는 지배자

○ ● ○

전통 사회와 비교할 때, 현대 문명의 중요한 특징 중 하나는 독립, 자유, 평등과 같은 개념이 개인의 일상과 세계관에 깊이 뿌리내리고 있다는 점이다. 현대인은 과거처럼 정치적 권력이나 종교적 권력을 신성하게 여기고 자신의 삶을 온전히 맡기지 않는다. 대신 현대인은 자기 자신이야말로 진정한 삶의 주인이자 왕이라고 믿는다. 그렇지만 앞에서 언급했던 알고리즘처럼, 우리는 부지불식간에 내 삶을 다른 무언가에게 내어주고 통제당할 수 있다. 때로는 보이지 않는 힘이 내 삶에 영향을 미치며, 내가 주체가 되어 이끌어가는 삶이 아니라 마치 누군가의 손에 의해 만들어지고 있다는 느낌을 받기도 한다.

스마트폰이 하나의 신체 기관처럼 되어버린 지금, 각종 애플리케이션 뒤에서 작동하는 알고리즘은 우리의 삶에 전례 없는 편리함을 제공하는 동시에, 우리가 내리는 수많은 결정과 선택에 큰 영향을 미친다. 심지어 때로는 현대인 자체를 새로운 모습으로 재탄생시키기도 한다. 사람들이 텍스트를 접하는 습관만 봐도 그렇다. 우리는 이제 더 빠르고 편리한 방법으로 필요한 정보를 즉시 검색하고 습득한다.

어느 날, 친구와 대화를 나누다가 이런 얘기가 나왔다.

"그런데 말야, 숏폼을 보면 볼수록 사람이 점점 바보가 되는 것 같지 않아?"

내가 이유를 묻자, 친구는 이렇게 대답했다.

"너도 한 번 해 보면 알게 될 거야."

사회학을 연구하는 사람으로서 이 시대와 사회 현상을 깊이 이해해야 하는 사명이 있는 나는 곧바로 숏폼의 세계로 뛰어들었다. 한참 영상을 본 후, 숏폼이 사람을 '바보'로 만든다는 표현은 다소 과장된 말 같다는 생각도 들었다. 그러나 숏폼의 특성과 그 배후의 알고리즘은 분명히 한 번쯤 깊이 고민해 볼 가치가 있었다.

숏폼의 핵심은 최단 시간 안에 사용자를 '잡아두고' 그 콘텐츠에 머물게 하여 조회 수를 늘리고, 이를 통해 수익을 창출하는 데 있다. 사용자가 특정 영상 콘텐츠를 비교적 길게 시청하면, 플랫폼은 비슷한 콘텐츠를 끊임없이 추천한다. 심지어 무의식적으로 그 영상을 긴 시간 재생했거나 특별히 좋아서 본 것이 아닐지라도 말이다.

시간이 갈수록 우리는 짧은 텍스트나 SNS에 올라오는 단문을 읽는 데 더 편안함을 느낀다. 반면 오랜 시간 한 자리에 앉아 호흡을 길게 가져야 하는 두꺼운 장편소설이나 문학 작품에는 쉽게 손이 가지 않는다. 숏폼 콘텐츠는 익숙하지만, 긴 시간이 소요되는 다큐멘터리나 영화는 잘 보지 않으려 한다. 대신 3~5분 정도의 '요약 영상'으로 두세 시간짜리 작품의 스토리를 단번에 파악하려 한다.

점점 더 많은 일상 영역에서 알고리즘의 '통치'를 받다 보면, 그 것이 반드시 나쁜 것만은 아니라는 생각이 들기도 한다. 어쩌면 누군가는 이렇게 반문할지도 모른다.

"혹시 문과생이라서 알고리즘에 편견이 있는 거 아닌가요?", "선한 알고리즘도 있을 수 있잖아요?"

물론 알고리즘은 기술적 수단에 불과해 그 자체로 좋고 나쁨을 평가할 수는 없다. 이는 원자력과 유사한 맥락이다. 원자력은 에너지를 생산해 인류의 삶을 윤택하게 만들 수 있지만, 원자 폭탄으로 사용되면 지구를 한순간에 잿더미로 만들 수도 있다. 즉, 기술은 그 사용 목적과 주체에 따라 결과가 달라질 수 있다는 뜻이다.

그러나 문제는 알고리즘과 원자력은 비교할 수 없는 개념이라는 점이다. 알고리즘은 이미 우리의 일상 곳곳에 깊숙이 침투해 있기 때문이다. 어린이부터 성인까지 수용하는 정보와 글 읽기의 습관, 의식주와 의사 표현 방식까지, 우리는 무의식중에 알고리즘의 영향을 받고 있다. 이제 우리는 그 대상에 대해 진지하게 고민하고 돌아볼 필요가 있다.

여기서는 다음과 같은 문제에 대해 생각해 보고자 한다. 앞서 말했듯, 알고리즘은 기술적 수단이기 때문에 그 자체로 좋고 나쁨을 판별하기 어렵다. 그렇다면 인류는 '선한 알고리즘'을 발명할 수는 없는 걸까? 우리가 알고리즘을 더 문명적이고 진화된, 더욱 도덕적인 단계로 이끌 수는 없는 것일까?

알고리즘이 하나의 선진화된 '기술'이라는 것은 의심할 여지가 없는 사실이다. 다만 그것이 선과 악, 높고 낮음, 좋고 나쁨을 절대적으로 구분할 수 없는 개념이라면, 이는 결국 일종의 '책임 회피'에 해당한다고 볼 수밖에 없다. 왜냐하면 알고리즘은 '사람'이 다양한 목적과 취향에 따라 얼마든지 '가공'할 수 있기 때문이다. 다시 말해, 알고리즘의 설계자와 제작자가 어떤 가치관과 목표를 가지고 있느냐에 따라 그 운영 방향은 크게 달라질 수 있다는 것이다.

그렇다면 알고리즘의 설계자가 선한 목적을 가지고 완전히 '착한' 알고리즘을 설계한다면 우리가 더 나은 미래를 맞이할 수 있을까? 이에 대한 나의 대답은 부정적이다. 아니 비관적이다.

인간은 사회적 동물이기도 하지만 역사적 동물이다. 인류의 '성장사'를 되돌아보면, 역사적 단계마다 방금 했던 질문과 비슷한 생각과 시도가 존재했던 것을 쉽게 발견할 수 있다.

고전 시대에는 모든 선함과 아름다움을 종교에서 찾으려 했다. 그러나 현대에 접어들면서 종교의 세속화가 진행되자, 사람들은 그 의미를 '절차적 공정성Procedural Justice'을 중심으로 한 '제도'에서 찾으려 했다. 사실 인류는 선함과 악함이 공존하는 인간 본성의 복잡성을 깨닫고, 오랜 시간 동안 완벽한 제도를 제정하는 데 힘써왔다. 이른바 완벽한 제도란, 개인의 선함과 악함, 도덕성이나 가치관과 상관없이 그 제도 안에만 있으면 합법적이고 완벽하게 '좋은 사람'이 될 수 있게 하는 시스템이다.

현대인에게 자유와 평등, 독립과 같은 가치관은 내면 깊숙이 자리 잡고 있지만, 동시에 타인을 깊이 신뢰하지 못하는 경향이 있다. 사람들은 일반적으로 '타인을 의심하는' 것을 기본값으로 삼고 있으며, 그 결과로 '탈인격화'가 가능한 제도 안에서 질서를 유지하려 한다. 이러한 맥락에서 알고리즘과 그것이 만들어가는 세상도 동일한 논리로 이해할 수 있다.

앞서 일상생활에서 몇 가지 예를 들었지만, 사실 알고리즘은 현대 사회를 살아가는 모든 이의 일상에 깊은 영향을 미치고 있다. 최근 각광받고 있는 '메타버스metaverse'나 '블록체인blockchain' 역시 그 배후에는 알고리즘이 존재하며, 알고리즘 방식으로 만들어진 '탈인격화된' 질서 안에서 운영되고 움직인다.

결론적으로 우리는 삶을 윤택하게 하는 기술을 거부감 없이 받아들이고 사용하고 있지만, 그 기술을 만든 '주체'에 대해서도 생각해 봐야 한다는 것이다. 또한 이러한 기술이 만들어내는 질서와 세상이 과연 어떤 본질적 특징을 지니는지도 고려해야 한다. 위르겐 하버마스가 제시했던 '생활 세계의 식민화'[18]처럼 만일 우리 삶이 알고리즘에 완전히 지배당하는 식민화가 일어난다면 그 '점령자'의 성격과 기질이 어떠한지 알아야 한다는 의미다.

행위의 패턴으로 짜인 지배 시스템

○ ● ○

사람도 아닌 알고리즘에 무슨 성격과 기질이 있을까?

나는 여기서 미래의 '지배자'가 될 알고리즘의 본질적 특징, 즉 그 성격과 기질을 이해해 보고자 한다. 물론 기술에 대해 잘 알지 못하는 문과생이 알고리즘의 본질을 논하는 것이 다소 무리일 수 있겠지만, 나는 기술적인 측면보다는 '비기술적'인 시각에서 이 문제를 탐구해 보고자 한다.

내가 생각하기에 최소한 지금까지 알고리즘의 본질은 인간의 행위 선호에 대한 최대공약수를 모아놓은 것이라고 할 수 있다. 알고리즘의 기초는 '숫자'다. 더 정확히 말하자면 '수치화' 혹은 인간의 행위에 모종의 '부가치'를 부여한 것이다. 이 부가치를 부여해야만 그 수치에 의미 있는 통계를 낼 수 있다. 이렇듯 인간의 행위 선호에 통계를 낸 뒤 빅데이터가 '가세'하면 단순한 수학적 의미를 넘어 비즈니스와 자본 등을 아우르는 통계학과 경제학적 의미를 지니게 된다. 이와 같은 과정을 통해 비로소 수익을 낼 수 있는 공간과 성장 모멘텀을 발견하게 된다.

현재 각양각색의 서로 다른 애플리케이션이 사용자에게 비슷한 콘텐츠와 상품, 정보를 끊임없이 추천하는 이유도 플랫폼에서 포착한 데이터에 통계를 산출해 특정 카테고리의 콘텐츠나 상품에 대한 대다수의 선호도를 계산하기 때문이다. 알고리즘 역시 이러한 통계학적 의미의 데이터를 정해진 대상에게 송출하여 경제학적 의미의 수익을 창출한다.

나는 여기에 바로 우리가 주의 깊게 살펴볼 핵심적인 문제가 있다고 생각한다. 한 사람의 행위 선호에 부가치를 매긴다고 해서 그것이 과연 그 사람의 내면 상태를 대변할 수 있을까? 예를 들어, 어떤 사람이 특정 영상을 시청한 시간이 비교적 길었다고 해서 그가 그 콘텐츠를 매우 좋아한다고 할 수 있을까? 더 단순하게 한 사람의 행위에 그 사람의 내면이 반드시 반영된다고 할 수 있을까?

르네상스와 계몽운동 이후, 자연 과학의 발전은 인류가 세계와 자기 자신을 더 객관적으로 이해하게 만든 중요한 전환점을 가져왔다. 이 과정에서 인류는 자연 과학의 논리를 바탕으로 '인간'이라는 존재에 대해 심도 있는 연구를 시작했다. 그 결과, 인간은 자신이 지닌 이성에 대한 신뢰를 더욱 강화하게 되었다. 이는 현대 사회의 시작을 알리는 중요한 특징이기도 하다. 자연 과학의 논리에 따라, 인류는 더 이상 삶의 의미를 종교적 신의 존재에서 찾지 않았으며, 교황이나 군주의 절대적인 권력에 얽매이기보다는 문명과 도덕성을 행동의 기준으로 삼게 되었다.

이러한 현상을 정확하게 파악한 독일의 사회학자 노베르트 엘리아스는 '앞으로 전체적인 문명이 해체되었다가 다시 구성되는 정치 철학의 신화[19]가 탄생할 것'이라고 지적하기도 했다. 이런 의미에서 보자면 모든 사람이 일상생활에서 보이는 행위는 많은 경우 특정 '상황'과 '조건'의 영향을 받는다고 할 수 있다.

예를 들어, 학교에서 연달아 강의할 때 내가 햄버거 세트 메뉴를 점심 식사로 주문한 행위는 그것을 특별히 좋아해서가 아니라, 그 당시의 특정한 '수요', 즉 빠른 시간 안에 충분한 열량을 채울 수 있는 '조건'을 만족했기 때문이다. 또 내가 요즘 유행하는 '포크송'을 며칠 동안 반복해서 재생했던 건 특별히 내가 그런 종류의 음악에 심취해서라기보다 지금껏 전혀 들어본 적 없는 노래였기에 호기심에 며칠 들어봤던 것이다. 이처럼 어떤 특정 상황에서 발생한 행위가 내 내면의 진정한 '선호'를 완벽하게 대변하지는 않는 것이다.

결국 '알고리즘'이나 '빅데이터를 통한 타깃팅'은 본질적으로 인간의 선호를 최대한 포괄하는 방식으로 '행동 패턴'을 분석하는 것이다. 이를 기반으로 현대 통계학의 지식을 적용하여 해당 행동의 수학적 결과를 분류하고, 그에 맞는 대응을 하는 과정이다.

하지만 우리의 행동은 특정 상황에서 나타나며, 그 행동이 지닌 의미는 단순히 데이터와 알고리즘에 반영되거나 반영될 수 없는 복잡한 요소들을 포함한다.

막스 베버는 "사회학은 인류의 행위 자체가 지니는 '의미'에 특별히 관심을 가져야 한다."라고 주장했다. 그는 한 개인의 행동 뒤에 숨어 있는 상황과 그 행동의 의미를 반드시 '이해'해야 한다고 강조했다.[20] 하지만 알고리즘은 이 문제를 해결할 수 없다. 현재처럼 인간의 내면세계, 가치관, 도덕적 상황을 수치로 나타내는 방식에는 여전히 수많은 난제와 한계가 존재하기 때문이다. 물론 이에 반대하는 사람도 있을 수 있다.

그런데 우리가 인터넷에서 자주 접하는 심리 테스트를 생각해 보자. 나는 현대 심리학이 과학적 발전의 산물이라는 점을 부정하지 않는다. 하지만 그런 심리 테스트를 자세히 보면, 사람의 내면을 정확히 측정하는 것이 아니라, 개인이 주관적으로 표현한 행동과 태도에 부가적인 가치를 매겨서 예측을 한다는 것을 알 수 있다.

물론 이 과정에는 큰 불확실성이 따른다. 검사자가 제공한 답변은 '정확성'과 '객관성'을 결여할 수 있기 때문이다. 이와 관련한 예는 많지만, 지금 내가 강조하고 싶은 점은 알고리즘이 '지배자'가 되면, 현대인이 일상생활에서 취하는 다양한 행동과 선호를 포착하고, 여기에 부가적인 가치를 더하거나 수치로 통계화한 뒤, 이를 바탕으로 애플리케이션 등에서 사용자에게 맞춤형 정보를 제공한다는 것이다. 그리고 중요한 점은, 오랜 시간 동안 이러한 맞춤형 정보에 지속적으로 노출되면, 우리의 삶의 형태와 모습이 점차 내 의지와는 상관없이 새로운 방향으로 정의될 수 있다는 것이다.

우리 머릿속의 새로운 주인들

○ ● ○

독일의 사회학자 위르겐 하버마스는 현대 사회의 특징으로 '일상 세계를 식민지처럼 지배하는 시스템[21]의 등장'을 지적했다. 그의 주장은 현대 사회의 '이성화'라는 개념의 연장선상에 놓이며, 이는 고전 사회학의 전통적인 시각과는 다른 방식으로 현대 문명을 분석한 것이다. 하버마스에 따르면, 현대 사회에서 인간은 자신이 살아가는 세계의 정당성과 정의를 종교적 혹은 정치적 신성성에서 찾기보다는, 일상생활과 개인의 경험을 통해 그 의미를 추구하려 한다는 것이다.

현대 사회의 특징은 각종 기술적 수단을 적극적으로 활용하고, 진보와 발전이라는 관념이 사람들의 인식 속에 깊숙이 자리 잡고 있다는 점이다. 또한 사람들은 '표면적인' 방식으로 세계를 재창조하며 삶의 의미를 재해석하고 정의하려 한다. 이것이 바로 '일상 식민화'의 본질이다.

하지만 우리가 '과학', '이성', '현대'와 같은 단어에 대해 부여한 특별대우를 잠시 내려놓고 생각해 보면, 사실 그 뒤에는 엄청난 '비의도적 결과'들이 숨어 있다는 사실을 깨닫게 된다. 그중에서도 가장 중요한 결과는, 바로 '현대'라는 단어가 각종 제도와 화법, 기술을 통해 우리의 인식을 지속적으로 재창조하고 있으며, 그로 인해 현대인들의 '집단 무의식'이 형성되고 있다는 점이다.

우리는 인류 사회가 끊임없이 진보하고 있으며, 다음 세대가 이전 세대보다 훨씬 더 나을 것이라고 굳게 믿는다. 경제는 항상 성장하고, 기술의 발전은 반드시 인류에게 도움이 될 것이라고 확신한다. 그러나 이러한 아름다운 비전이 바로 우리가 공유하는 집단 무의식의 일면이다. 우리는 이것을 매우 상식적이고 자연스러운 것으로 받아들이며, 그 속에서 벗어날 생각을 하지 않는다.

그렇다면 앞서 언급했던 예로 다시 돌아가 보자.

근처의 맛집을 검색하는 것이 귀찮은 사람이 알고리즘의 추천을 받아 매번 햄버거 세트를 주문하고, 또 알고리즘이 추천하는 유행하는 '밈'을 매일 감상하다 보면 그것이 일상이 되고, 심지어 하나의 습관으로 자리 잡게 된다. 드라마나 영화 대신 그 줄거리를 요약한 영상만 보고, 장편의 고전 소설 대신 700~800자 정도의 SNS 게시글만 읽다 보면 우리의 일상 습관에도 점차 변화가 일어난다. 이러한 변화는 매우 작고 미미하지만, 그것이 쌓이면 우리가 살아가는 세상의 일상 자체가 변하게 된다. 하지만 그런 변화가 일어나고 있다는 사실을 눈치채기란 쉽지 않다. 이것이 바로 진정한

우리는 왜 공허한가

'식민화'의 본질이다.

이번 장에서 다룬 내용은 모두 개인적으로 인지한 '사실 판단'을 기반으로 한 것일 뿐, 어떠한 '가치 판단'도 포함되어 있지 않다. 다시 말해, 내가 현대화, 알고리즘, 또는 과학을 반대하는 고지식한 문과생으로 오해하지 않기를 바란다. 이는 옳고 그름이나 선악, 혹은 좋고 나쁨의 문제로 접근한 것이 아니다. 왜냐하면 현대화는 인류가 현재 세상을 살아가는 보편적인 흐름이기에 설령 그게 마음에 들지 않는다고 해서 도망가거나 피할 수 있는 게 아니기 때문이다. 더군다나 우리는 이제 인터넷과 스마트폰, 애플리케이션 없이는 살아갈 수 없는 세상에 살고 있다. 과학 기술의 진보와 미지의 세계를 탐험하는 인류의 모험은 단 한 번도 멈춘 적이 없다.

100년 전에 알고리즘이라는 것을 상상할 수 없었던 것처럼 시간이 지나 '뇌-컴퓨터 인터페이스'가 임상을 거쳐 상용화된다면 아마 이 책은 쓰레기통에 버려질지도 모른다. 왜냐하면 미지의 세계에 대한 인간의 탐험은 이제 더 이상 표면적인 '행위'에만 그치지 않고 더 믿을만한 기술을 통해 인류의 성정과 윤리, 생각 등을 새롭게 만들어나가길 원하기 때문이다. 더 치명적인 건 그때가 되면 그러한 과정이 매우 직접적이고 물리적인 방법으로 진행될 것이라는 점이다. 그렇게 되면 새로운 식민 통치의 시대가 열릴 것이다.

04

우리는 어떻게 '트루먼 쇼'의 세상에 발을 들이게 되었을까

21세기의 새로운 '파놉티시즘'

○ ● ○

1998년 6월, 「트루먼 쇼」라는 영화가 미국에서 대히트를 쳤다. 이 작품은 제71회 미국 아카데미 시상식에서 감독상, 각본상, 남우조연상에 노미네이트되었고, 제56회 골든 글로브 시상식에서 남우주연상과 남우조연상, 음악상을 휩쓸었다. 이유가 뭐였을까? 개인적으로 「트루먼 쇼」는 신선한 발상과 세밀한 설정이 돋보이는 영화이기도 하지만 40년 전의 '선지자'가 현대인의 운명을 예언한 작품이라는 생각이 든다.

이 영화는 방송국에서 아기를 입양해 신생아 시기부터 죽을 때까지 한 사람의 일생을 하루도 빠짐없이 24시간 전 세계에 방영하는 내용을 그린 이야기다. 영화에 등장하는 트루먼 버뱅크는 자신이 살아가는 세상, 심지어 사랑하는 아내와 친구들까지 모두 '가짜'라는 걸 꿈에도 상상하지 못한 채 방송국에서 마련한 거대한 세트장을 배경으로 살아간다.

영화는 전체적으로 트루먼이라는 사람의 인생을 중심으로 전개된다. 그런데 어느 날, 하늘에서 갑자기 조명이 떨어지거나 돌아가신 아버지를 길에서 만나고, 라디오 주파수를 맞추다가 자신의 일거수일투족이 라디오에 생중계되는 등 일련의 사건을 겪으면서 뭔가 이상함을 감지하고 마침내 자신이 살던 섬(세트장)을 떠나 진짜 세계로 나아가는 결정을 한다.

이 영화가 현대인의 운명에 대한 모종의 '예언'이라고 말하는 이유는 지금의 영상 플랫폼이나 예능 프로그램이 영화 속 스토리처럼 리얼해서가 아니다. 모든 사람이 트루먼처럼 '가짜'가 가득한 세상에 살고 있어서도 아니다. 모바일 인터넷, SNS, 각종 카메라 렌즈가 사방에 둘러싸인, 그래서 도망가고 싶어도 도망갈 수 없는, 모두가 서로를 '감시하는' 세상에서 살아가고 있기 때문이다.

먼저 우리는 어디를 가든 개인정보가 흔적을 남기고 사용되기 때문에, 만약 신변의 안전이나 재산상의 손실, 강도나 납치 등의 위협에 처하게 된다면, 과거에 비해 훨씬 더 쉽게 실마리를 추적할 수 있게 된다. 그러나 그만큼 어딜 가든 말과 행동에 조심해야 하며 '불미스러운' 일에 연루되지 않도록 항상 주의를 기울여야 한다. 범죄를 저지르는 경우 지금과 같은 상황에서는 흔적이나 증거를 남기지 않는 것은 거의 불가능하다.

사람과 사람 사이에는 일종의 '서로를 감시하는' 관계가 형성된다. 누군가와 충돌이나 마찰이 생기면, 언제든지 현장을 영상으로 기록할 수 있다. 뿐만 아니라 음성을 녹음하거나 나누었던 대화 내용을 저장하는 등 일상을 기록할 수단이나 도구를 늘 휴대하기 때문에 법정 절차를 밟을 경우에는 유리한 증거로 제출할 수 있지만, 그만큼 사람들에게 '흠'이 되는 증거를 남기기도 한다.

우리는 지금 이전에 한 번도 겪어본 적 없는 시대에 살고 있다. 현대 사회의 커다란 특징 중 하나는 전혀 다른 사람들이 한데 고밀도로 모여 살아간다는 점이며, 이러한 사람들에게 가장 편리한 방법으로 서로를 감시할 기술적 수단을 제공한다는 점이다. 미셸 푸코의 『감시와 처벌』에 나오는 '파놉티시즘Panopticism'[22]이 새로운 형태로 21세기에 등장한 것이나 다름없다. 이것은 우리에게 엄청난 안정감을 주는 동시에 엄청난 위협을 느끼게 한다. 다시 말해, 이는 현대 사회 운명이 새롭게 돌아갈 수 있는 기반을 제공하는 동시에 우리에게 수많은 어려움을 안겨준다.

"내 개인 정보를 누가 해킹하지 않을까?", "작은 실수 하나로 인터넷에서 마녀사냥당하는 건 아닐까?", "개인적인 공간에서 남들에게 간섭받지 않는 방법은 뭘까?", "내가 찍은 영상에 나오는 낯선 사람을 개인 SNS에 올려도 되는 걸까?"

하루에도 수십 번 이런 고민을 하는 것이 바로 그 예다.

예측할 수 없는 타인의 마음

○ ● ○

기술적인 관점에서 보면, 현대 문명은 산업혁명, 제2차 산업혁명, 그리고 정보기술 혁명 등 여러 차례의 기술 혁신을 겪으며 발전해 왔다. 이로 인해 인류의 생산 방식, 교통수단, 정보 전달 방식에 커다란 변화가 일어났고, 이는 기술 발전을 가속화하는 중요한 동력이 되었다. 사람들의 관념, 생각, 문화적인 시각에서는 르네상스와 계몽운동으로 거슬러 올라갈 수 있다. 이 일련의 '사건'들은 사람들이 자신이 신이나 군주의 부속물이 아니라 독립적인 역사의 주체임을 깨닫게 해주었다. 또한 그 과정에서 나타난 중요한 '부산물'은 바로 과학 기술에 대한 신뢰였다. 인류는 기술 발전이 문명의 발전에 중요한 기여를 하며, 과학 기술이야말로 인간 사회에 행복을 가져다준다고 믿게 되었다.

그런데 스마트폰이 하나의 신체 기관으로 자리 잡고 가상현실

VR 기술이 발전하면서 언제 어디서든 전 세계의 소식을 접할 수 있게 된 지금, 사람들은 점점 영혼으로부터 울려 나오는 질문에 자꾸만 고개를 갸웃거리게 되었다.

'기술의 발전이 진정 인류 문명의 발전에 기여하고 있는가?', '과학 기술의 발전이 진정으로 인류 사회에 행복을 안겨 주는가?'

길거리 어딜 가나 달린 고화질의 CCTV를 보면 논리적으로는 더 안전하다는 느낌을 받아야 한다. 사람들의 행적을 고스란히 담아낼 수 있기 때문이다. 특히 사건 사고가 일어났을 때 범인을 추적하는데 엄청난 실마리를 제공하기 때문에 범죄율을 낮추고 경각심을 일깨우는 데 많은 도움이 된다. 하지만 동시에 일련의 '비의도적'인 결과가 발생하기도 한다.

우리는 항상 개인정보 유출과 그것이 불법적인 용도에 사용될까 하는 불안에 휩싸여 있다. 현재 스마트폰을 사용하는 거의 모든 사람은 갖가지 출처를 알 수 없는 스팸 문자와 전화를 받는다. 금융 대출, 부동산 거래와 관련한 광고 전화는 물론이고 공공기관 부문을 사칭한 보이스 피싱도 활개친다. 이런 전화가 걸려 오면 대체 내 스마트폰 번호와 이름이 어디서 새어나간 것인지 하는 의문이 든다. 최근 들어 개인정보 누출과 관련한 사건 사고는 끊이지 않고 발생하고 있다.

우리는 왜 공허한가

현대인은 극단적인 모순 속에서 살아가고 있다. CCTV를 비롯한 각종 개인정보 인식 시스템이 더 발전해 삶의 질을 높이고 안정감을 높이길 원하지만, 한편으로는 어딜 가든 개인정보를 제공해야 하기 때문에 그것이 잘못 이용될 우려와 걱정에 시달리는 것이다.

이렇듯 거의 모든 현대인은 서로 상충하는 마음을 안고 살아간다. 그런데 이런 혼돈의 상황 속에서도 우리가 분명히 생각해 보아야 할 문제는 이 문제를 '어떻게' 해결하는가 하는 것이다.

대다수 사람은 기술이나 정책, 제도나 법률 등의 각도에서 대응책을 생각한다. 예를 들어, 생물학적 특징을 포함한 개인 정보 보호를 강화하고 관련 부처의 관리 감독을 강화하는 등이다. 하지만 이번 장에서는 이 '어떻게'에 대한 질문에 '왜'라는 대답을 하고 싶다. 다시 말해, 현대인은 '왜' 이러한 '파놉티시즘', 서로를 감시하는 상황에 안정감을 느끼는 동시에 불안해하는 것일까? 이것이 의미하는 바는 무엇일까? 우리는 왜 길목마다 설치되어 있는, 심지어 일상 곳곳에 설치된 CCTV와 카메라에 그토록 의존하고 심리적 안정감을 느끼는 것일까? 이유는 간단하다. '사람의 마음은 예측할 수 없기 때문'이다.

현대인의 삶에서 가장 큰 특징은 높은 '유동성'이다. 생산 방식의 발전, 상업의 번영, 그리고 교통수단의 발달은 사람들이 보다 빠르고, 넓은 공간에서, 오랜 시간 동안 이동할 수 있는 물리적 기반을 마련해 주었다. 여기에 더해 독립, 평등, 자유라는 개념이 확립되면서 '내 삶의 주인은 나'라는 인식이 강해졌다. 이 변화의 가장 직접적인 결과는, 하나의 시공간 안에서 존재하는 인간들의 이질성이 급격히 증가했다는 점이다.

전통 사회는 소위 '지인 사회'라고 해도 과언이 아니었다. 사람들이 생활하고 왕래하는 지역의 범위가 상대적으로 좁았으며, 일상 속에서 사람들 간의 관계는 '신뢰 기제'를 바탕으로 이어졌다. 이는 실질적으로 윤리적 범주에 속하는 관계였다. 전통적인 관계는 대부분 혈연적 윤리에 기초한 친인척 관계, 물리적 지역을 중심으로 한 정서적 유대, 또는 공동의 종교 신앙이나 교구를 중심으로 한 종교적 연대에 의해 형성되었다. 이러한 관계들은 전통 사회에서 대인 신뢰를 쌓는 중요한 기초가 되었다.

이러한 신뢰 기제의 중요한 공통점은 '외부적 기제'가 아닌, '예측 불가능한 사람의 마음'을 중심으로 형성된다는 점이다. 그리고 그 출발점은 인간 본성은 원래 선하다는 성선설에 뿌리를 두고 있으며, 동일한 시공간을 함께 공유한다는 동질감에서 비롯된다.

그러나 현대 사회가 도래하면서 사람들은 '이질성'과 '유동성'이 높은 사회에 진입하게 되었고, 이에 따라 대인관계의 성질에도 변화가 생겼다. 우선 현대인은 가족 외에도 이질성이 큰 사람들과,

낯선 사람들과 보내는 시간이 훨씬 많아졌다. 그들과는 협업하거나 치열한 경쟁을 벌여야 한다. 개체 간에 태생적인 연관성이 없기 때문에 대인관계에서 신뢰의 측면은 훨씬 더 불확실해졌고, 정보의 비대칭성도 커졌다. 그 결과, 현대 사회는 법률과 계약 등 '외부적 요소'를 통해 관계를 유지하고 조정하는 방식을 채택하게 되었다.

영국의 철학자 존 로크의 대표작 『정부론』은 이러한 문제를 중심으로 이야기를 전개한다. 그는 최초의 인류 사회는 자연 상태에 있었기 때문에 사람들 간에 '자연법'이 존재했다고 주장한다. 그러나 자연법은 명문화된 법이 아니며 구속력이 부족하기 때문에, 사람들은 자연 상태에서 쉽게 참혹한 '전쟁 상태'에 돌입할 위험이 있었다. 이 전쟁 상태에서 벗어나기 위해서는 '일종의 계약'이 필요했으며, 사람들 간의 경계를 명확히 하고 정의를 확립하는 과정이 요구되었다. 이러한 필요성이 결국 현대 정부의 탄생으로 이어졌다고 로크는 설명한다.[23]

이러한 현대 사회의 구조적 변화와 기본적 특징을 이해하면 앞서 언급했던 '의존성과 불안함이 공존'하는 모순적인 상황을 더 쉽게 이해할 수 있을 것이다. 쉽게 말해 이러한 현상은 '예측하기 어려운 타인의 마음'에서 비롯하는 것이다.

먼저 인간은 본능적으로 자신에게 유리한 것을 취하고, 해가 되는 것은 피하고자 한다. 인간의 본성에는 '악惡'이 내재되어 있기 때문에, 현대 사회에서는 남을 깎아내리거나 짓밟는 일이 보편적으로 발생하기도 한다. 물론 이러한 행동은 때로 자신을 방어하기 위한 처세술로 나타날 수도 있다. 그래서 사람들은 위험한 행동을 하려는 이들에게 경각심을 일깨워 사회를 보호하려 하며, 그 결과 감시 체계가 작동하게 된다.

그렇지만 우리에게는 끝없는 의구심이 꼬리를 물고 생겨난다. '타인의 마음은 예측 불가'한데, 대량의 개인정보를 근거 없이 제공하고 그것을 멋대로 유용하는 일을 어떻게 막을 수 있을까? 개인정보가 보이스피싱이나 스팸 문자 등 악의적인 용도로 사용되지 않는다 하더라도, 내 개인정보와 사생활은 대체 어떻게 보호할 수 있을까? 어떻게 하면 내 말과 행동이 누군가의 뜻대로 조작되고 악의적으로 재해석되는 일을 막을 수 있을까?

이처럼 평범한 사람들이 서로를 감시하는 사회 속에서 살아가다 보면, 전체 사회의 불신은 끝없이 가중될 수밖에 없다.

현실 속에서는 우리가 쓰는 말이나 행동에는 구체적인 상황이 뒤따르며, 전후 맥락이 있고 원인과 결과가 있기 마련이다. 하지만 서로를 '감시'하는 상황에서는 이러한 상황이 의식적으로든 무의식적으로든 생략되거나 부풀려지는 경우가 많아서 파편적인 '행위'만 남는 것이 부지기수다. 즉, 누군가의 행위가 그의 주관적인 의지와 직접적인 연관이 없다는 걸 명백히 알면서도 다들 방관자의 태도를 보인다. 본인이 당사자가 아니기 때문에 단지 '눈에 보이는' 행위에 따라 그 사람의 동기를 판단하거나 추측한다. 이것이 바로 현대인의 불안과 공포를 야기하는 이유다.

따라서 불안과 의존이라는 이 모순적인 상태는 본질적으로는 타인의 내면 상황(예를 들면, 도덕이나 신념, 가치 등)에 대한 불신이라고 할 수 있다. 다시 말해, 이러한 것들이 전제되는 한 현대인은 계속해서 '트루먼'이 되어가는 과정을 향해 성큼성큼 걸어갈 것이다.

언제 어디서든 감시당하는 현대 사회

○ ● ○

트루먼'이 된다는 것은 무엇을 의미할까? 그것은 내 일거수일투족이 감시당한다는 것일까, 아니면 사람들의 사회적 역할 연기나 일상에서의 연극적 삶을 말하는 것일까? 중요한 것은, '타인의 마음을 예측할 수 없고', 신뢰로 이루어진 유대가 점점 사라지는 이 시대에서 우리가 어떻게 질서를 유지할 것인가 하는 점이다. 존 로크는 '정부'와 '법률', '계약'을 제시했지만, 우리는 현대 사회의 기초 구조가 어떻게 변화해 왔는지, 그리고 그 변화가 갖는 의미에 대해 깊이 고민해야 한다.

프랑스 철학자 미셸 푸코는『감시와 처벌』에서 중세 유럽의 공개 처형을 예로 들며 권력의 변화를 설명했다. 과거 공개 처형은 권력의 위엄을 과시하는 수단이었으나, 시간이 지나며 과학적 규율과 교정의 방식으로 바뀌었다. 푸코는 이 변화를 '파놉티콘'이라는 감옥 모델을 통해 설명했다. 파놉티콘은 중앙 감시탑을 통해 모든 수감자의 행동을 감시하는 구조로, 간수는 보이지 않으면서도 수감자는 언제나 감시당하고 있다는 불안을 느끼게 된다. 이는 현대 사회의 감시와 질서 유지 방식과 매우 유사하다.

푸코의 핵심 주장은, 현대 사회에서 권력은 물리적 폭력이 아니라, 사람들의 행동을 감시하고 규율을 통해 제어하는 방식으로 작용한다는 것이다. 현대 사회는 더 이상 공개적인 폭력을 사용하지 않지만, 대신 감시와 규칙을 통해 사회를 통제한다. 이를 통해 인간의 내면을 교정하고, 질서와 공공의 약속을 지키게 한다. 현대의 다양한 감시 시스템, 예를 들어, CCTV나 스마트폰을 통한 감시는 모두 이러한 파놉티시즘의 연장선상에 있다.

푸코는 현대 사회가 우리가 생각하는 것보다 훨씬 더 은밀하고 정교하게 '감시' 시스템을 내재화하고 있음을 지적하며, 이는 이미 우리의 삶의 기본적인 조건이 되었다고 주장한다.

우리는 왜 공허한가

드러나는 것에만 머물러 있는 세계

○ ● ○

그렇다면 이러한 '파놉티시즘'이 우리 사회에 가져오는 결과는 무엇일까? 푸코는 '표면에만 정체된 사회'라는 말로 현대 사회를 묘사한다. 푸코가 이러한 표현을 쓴 것은 물론 철학적인 의미가 있겠지만, 개인적으로는 이것이 우리 사회를 묘사한 가장 정확한 표현이라고 생각한다. '표면에만 정체'한다는 건 곧 현대인과 현대 사회에 존재하는 거의 모든 기제가 인간의 행위라는 '표면적인 현상'을 중심으로만 설계 및 시행된다는 얘기다.

감시카메라는 사람의 행위를 포착하고, 기록하며, 판단한다. 이를 바탕으로 법적 판결이나 대중의 여론 판단이 이뤄진다. 공공의 질서와 권력을 대표하는 사법 체계, 치안 시스템, 형벌 체계뿐만 아니라, '개인'의 권력을 대표한다고 할 수 있는 스마트폰이나 각종 SNS 역시 개인의 '행위'를 근거로 그 동기와 생각을 예측하고 판단한다. 물론 이 둘의 큰 차이점은 사법적 판단이 개인의 내적 동기가 아닌 주요 증거를 바탕으로 이루어지는 반면, 온라인에서 이루어지는 여론의 심판은 그러한 내적 동기를 배제하고 행위 자체를 중심으로 판단된다는 점이다. 누군가를 비난할 때 '나쁜 놈', '쓰레기', '노개념' 등의 표현이 자주 등장하는 것을 보면, 사람들의 비판은 그 행동 자체보다는 내면을 바탕으로 한 도덕적 심판에 집중되고 있다는 것을 알 수 있다. 즉, 이는 일종의 '마녀사냥'으로, 당사자의 정신을 괴롭히고 그를 완전히 매장하려는 심리가 작용하는 것이다.

겉으로 보이는 '표면적인 행위'에만 집중하는 것은 현대 사회의 기본적인 방침이다. 이는 과학, 이성, 객관과 같은 개념을 중심으로 한 사고방식에서 비롯되며, '행위에 대한 묘사'만이 가장 객관적이기 때문이다. 예를 들어, 언제, 어디서, 누가, 무엇을 했는지에 대한 사실적 기술이 그에 해당한다. 그러나 사람의 행위는 주관적인 생각, 동기, 감정 등에서 비롯되기 때문에, 완전하게 '객관'적인 해석이 불가능하다. 설령 당사자가 사실대로 진술했을지라도 그것이 완벽하게 진실이라고 볼 수는 없다. 그럼에도 불구하고 현대 사회에서는 행위를 중심으로 사건을 포착하고 판단할 수밖에 없다.

그렇다면 이러한 접근의 결과로 무엇을 얻을 수 있을까? 만약 우리 모두가 '트루먼'처럼, 나의 모든 행동이 누군가에게 감시당하고 있다는 사실을 알게 된다면, 우리는 모든 행동에 주의를 기울이고, 말에 교양을 담기 위해 노력할 것이다. 이는 나의 행위가 고상한 현대인의 내면에 부합한다는 것을 드러내기 위한 노력에서 비롯된다. 그래서 우리는 '셀럽'이 아님에도 불구하고 무의식적으로 자기만의 '캐릭터'를 설정하여 그것을 다른 사람들에게 보여주며 살아가려 한다.

하지만 만약 우리가 잘못된 행동을 하고 그것이 일파만파로 퍼지며 사람들의 비난을 받게 된다면, 그 순간 우리의 정신은 완전히 무너져 버린다. 이는 우리의 행동이 어떻게 사회적 판단과 연결되고, 그로 인해 겪는 심리적 압박이 얼마나 큰지를 보여준다.

'파놉티시즘'의 현대 사회는 기술의 발달로 전체 사회 구성원에게 안전감을 주는 동시에 모든 사람에게 감시의 광선을 비춤으로써 그 안전감을 무자비하게 박탈해 버리기도 한다. 이렇듯 현대인은 엄청난 모순 속에서 살아가고 있다. 우리는 동의하기 어렵더라도 '트루먼의 세상'에 살고 있는 것이다.

푸코의 『악명 높은 사람들의 삶 The Life of Infamous Men』이라는 책에는 다음과 같은 대목이 등장한다.

"이 빛은 다른 곳에서 오는 것이다. 이 생명체들은 본래 어두운 밤에 있고 싶었고, 또 그곳에 머물러야만 했다. 그들을 어두운 밤에서 해방시킨 것은 바로 권력과의 만남이었다. 이 충돌이 없었다면 그들의 생은 순식간에 마침표를 찍었을 것이다. 권력은 그곳에 매복해 생명체를 지키고, 감시하고, 추적하면서 가끔씩 들려오는 불평과 소란에 주목한다. 그리고 권력은 그들을 공격하고 그들의 몸에 낙인을 찍는다."[24]

정보 기술의 발전에 힘입어 인터넷으로 서로 연결된 우리, SNS를 통해 서로를 감시하는 우리는 모두 흑암 속에서 탈출해 권력의 빛 속으로 들어왔다. 그와 동시에 우리는 권력의 '광원光源'을 손에 넣을 수 있게 되었다.

05

사이버 폭력,
'키보드맨'은 어떻게 탄생했는가?

잔인함과 포악함, 진정한 현대성의 뿌리

· ● ·

2012년, 천카이거陳凱歌가 메가폰을 잡고 유명 중국 배우들이 대거 출연한 영화「수색」이 개봉되었다. 이 작품은 당시 큰 주목을 받지 못했으며, 평점도 7.4에 그쳤다. 하지만 영화광인 내게는 엄청난 인상과 기억을 남겼었다. 순수하게 지극히 개인적인 견해로 이 영화는 촬영 기법이나 감독이 전하고자 하는 메시지, 배우들의 연기 모두 나무랄 데 없는 '수준급' 작품이었다. 천카이거 감독의 또 다른 대표작「패왕별희」와 비교해 보면 현대 중국을 바라보는 시의성 있는 시선과 메시지가 눈에 띈다.

영화는 담담하게 현대를 살아가는 우리 모두의 현실을 그려내면서도 신기술과 그 안에서 일어나는 사이버 폭력을 적나라하게 폭로한다. 이 영화가 개봉되었을 때 중국 사회는 이미 온라인 시대에 접어든 지 한참 지난 시기였다. 그러나 기술적인 구조나 일상생활에 모바일 인터넷이 스며든 정도는 지금만큼은 아니었다. 하지만 이 영화는 지금 우리의 일상에 매우 보편적으로 일어나는 사회현상을 한 걸음 먼저 예민하게 포착하고 드러냈다. 바로 '마녀사냥'과 '사이버 폭력'에 관한 것이다.

영화는 평범한 이야기로 시작하지만, 이야기가 전개될수록 여주인공 예란추는 무서운 마녀사냥과 사람들의 도덕적인 질타에 시달린다. 어느 날, 일주일 안으로 수술을 받지 않으면 당장 죽을 수 있는 림프암 말기 선고를 받고 그녀는 얼이 빠진 채 집에 가는 버스에 몸을 싣는다. 이윽고 버스에 탄 노인이 당당하게 그녀 앞에 서서 자리를 양보하라고 요구했지만, 그럴 기력이 없는 그녀는 자리에서 일어나지 못하고 노인의 요구를 거절한다. 마침 그 버스에 함께 타고 있던 방송국 피디 지망생이 그 장면을 스마트폰으로 촬영해 인터넷에 올렸다. 정의감에 불타는 네티즌들이 열심히 영상을 퍼 나르면서 삽시간에 그녀에 관한 소문이 인터넷에 퍼지기 시작했고, 이 '무례'하고 '비정한' 여인에 대한 무자비한 마녀사냥이 시작된다. 여론몰이에 힘입어 얼굴은 물론 연애와 결혼 여부, 출신학교 및 직장 등 그녀의 사생활이 만천하에 드러나게 되었고, 이제 어딜 가나 그녀에 대한 험담과 조롱이 끊이지 않는다. 설상가상으로 이 사건이 현지 방송국의 대표 프로그램인「오늘의 사건」에 방영되면서 열띤 토론까지 벌어지게 되었다. 뜨거운 감자가 된 여주인공은 하루아침에 '천하에 못된 여자'로 낙인찍혔고, 그녀가 다니는 직장에까지 이미지에 큰 타격을 입혀 굵직굵직한 프로젝트가 수포가 되었다.

「수색」영화의 이야기로 이번 장을 시작한 이유는 영화 속에 등장하는 사건의 옳고 그름을 판단하려는 것이 아니다. 고상한 여인이 자신이 죽을병에 걸렸다는 이유로 경로사상을 지킬 수 없는 것을 비난해야 하는가 아닌가에 대해 토론하려는 것도 아니다.

그 영화가 계속 내 머릿속에 남아있었던 이유는 평범한 서사를 통해 현실 속에서 광범위하게 나타날 수 있는 '사회 현상', 즉 무절제하고 구속력 없는 사이버 폭력의 특징을 날카롭게 포착해서 그려냈기 때문이다.

지금은 거의 모든 사람의 손에 들려있는 스마트폰이 정보를 수집하는 '수집기'가 되는 동시에 뉴스와 기삿거리를 퍼 나르는 '확산기' 역할을 한다. 스마트폰 사용자는 언제 어디서든 세계 각지에서 일어난 일을 손쉽게 접할 수 있다. 그야말로 정보가 폭발하는 이 시대에 사람들은 지구 반대편에 있는 사람, 현실에서는 나와 아무런 상관이 없는 낯선 사람의 이야기까지 속속들이 접한다.

그리고 일단 대중의 먹잇감이 되어 소위 핫이슈로 떠오르면 그 것은 곧장 열띤 토론의 장으로 들어가고 온라인이라는 플랫폼을 기반으로 '대중의 심판'을 받게 된다. 중요한 건 이 심판은 구체적 인 정황이나 실마리 없이도 아주 무자비하게, 무차별적으로 진행 될 수 있다는 것이며, 이 과정에서 힐난을 받는 사람은 아무런 말 도 할 수 없다는 점이다.

사법 기관에서 재판하는 범죄 행위나 민사 소송과는 달리 온라 인 여론의 장에서 진행되는 도덕적 심판의 경우, 대다수 당사자는 주관적인 동기가 없거나 심지어 객관적 사실이 없이 당하는 경우 가 많다. 왜냐하면 사람들에게 포착되는 것은 전후 맥락이나 인과 관계가 결여된 파편적인 사실이 많기 때문이다.

일단 대중이 뿔이 나면 사이버 폭력은 자연스럽게 형성되며 거 기서 폭력을 행사하는 '가해자'는 일종의 풍자적인 의미가 담긴 '키 보드맨'[25]의 역할을 하게 된다. 만약 이 '키보드맨'이 불순한 의도 를 가지고 사람들의 공분을 사기 쉬운 도덕적 사건을 교묘하게 이 용해 그것을 인터넷에 올리면 그것은 숏폼이나 SNS, 인터넷 게시 판을 통해 삽시간에 퍼져나간다. 우려스러운 점은 이 '키보드맨'이 저지르는 사이버 폭력이 이미 적정 수위를 넘어섰다는 점이다.

우리는 왜 공허한가

이제 온라인이 하나의 삶의 방식이 된 현대인으로서 우리는 피할 수 없는 한 가지 문제에 직면할 수밖에 없다. 우리는 모두 언제든지 사이버 폭력의 피해자가 될 수 있으며, 자신도 모르는 사이에 가해자가 될 수도 있다는 것이다.

법률 종사자나 공공정책 연구자들은 정책과 법규를 개선하고 완비하는 방식으로 관련 문제를 해결하려고 한다. 나는 여기서 '대책'에 관한 얘기보다는 다음과 같은 질문을 여러분에게 던지고 싶다.

사이버 폭력이 범람하는 이유는 무엇일까? 현대 문명의 기반은 개인의 이성과 각성, 그리고 계몽에 있다. 이론적으로는 온라인 기술이 발전할수록 인간의 이성이 발휘될 수 있는 더 넓고 투명한 플랫폼과 공간이 제공되어야 하지 않을까? 우리는 과거보다 더욱 정확하고 깊이 있게 사건의 진상을 파악할 수 있어야 하지 않을까? 그런데 왜 현실은 기대에 못 미칠뿐더러, 오히려 반대 방향으로 흘러가고 있는 것일까?

이것이 정말 현대성現代性의 참모습일까? '키보드맨'은 도대체 어떻게 탄생하게 된 것일까?

맥락을 잃은 정보의 진실

○ ● ○

현대 사회와 전통 사회를 구별하는 가장 큰 특징은 기능의 '분업화'가 매우 세밀하게 이루어져 있다는 점이다. 현대 사회는 정교하게 작동하는 하나의 기계에 비유될 수 있다. 우리 각 개인은 이 기계를 구성하는 부품으로서 자신의 자리를 지키며 역할을 수행하고, 다른 부품들과 연계되어 상호 의존하며 살아간다. 그런데 온라인 시대가 도래하면서 현대 사회의 이러한 시스템은 어떤 극단으로 치닫고 있다.

산업 시대의 사회가 주로 실물 중심으로 운영되었던 것과는 달리, 디지털 기술의 발달은 현실과 가상의 경계를 희미하게 만들며 새로운 방식으로 사회 구조를 재편하고 있다.

과거에는 사람들 사이의 협력과 경쟁 속에서 기계가 매개 역할을 하긴 했지만, 기본적으로 모든 활동은 물리적이고 실제적인 세계 안에서 이루어졌다. 그러나 온라인이 현대 사회의 기반을 형성하고 생활 방식으로 자리 잡으면서 인간관계는 점차 '부호'를 매개로 한 가상의 교제 형태로 변화했다.

온라인 세상에서 사람들이 정보를 획득하고 전달하는 속도는 이전과는 비교할 수 없을 만큼 빨라졌다. 과거에는 소수의 권력이 정보를 독점하고 통제했지만, 오늘날에는 스마트 디바이스만 있

우리는 왜 공허한가

으면 누구나 정보를 가공하고 확산시킬 수 있는 주체가 되었다. 이러한 변화는 정보의 민주화를 가져왔지만, 동시에 가짜뉴스와 왜곡된 정보의 확산이라는 새로운 문제를 안겨주기도 했다.

이처럼 현대인은 폭발적으로 증가하는 정보 생산과 여론의 흐름 속에서 살아가고 있다. 이러한 정보는 언어, 텍스트, 영상 등 다양한 부호를 매개로 하여 순식간에 전파된다. 더불어 카메라 화소와 인터넷 속도의 향상, 가상현실 기술의 지속적인 발전은 가상 세계와 현실 세계의 경계를 점점 더 흐릿하게 만들고 있다.

이제 우리는 마치 어떤 매개 없이도 직접 사물을 인지하고 경험하는 듯한 착각에 빠지기도 한다. 이러한 변화는 우리 생활 방식을 크게 바꾸며 새로운 가능성과 함께 복잡한 도전과제를 동반하고 있다. 물론 온라인이 중심이 된 가상의 세계에서도 여전히 대다수는 '눈으로 직접 목격'해야만 믿는다. 하지만 현대인이 망각하는 중요한 한 가지는 온라인에서 눈으로 '목격'한 '진실' 역시 실제로는 부호화된 사실의 한 파편에 지나지 않는다는 점이다. 같은 행위라고 해도 카메라 렌즈의 각도에 따라 서로 다른 해석이 나오는 이유다. 다시 말해, 같은 행위라도 서로 다른 언어 부호를 사용하기 때문에 완전히 다른 결과가 나오는 것이다. 그렇다면 누군가는 이렇게 반문할지도 모른다.

"그런 식으로 생각하면 '객관'이라는 건 애초부터 존재할 수 없는 거 아닙니까?"

그렇다면 먼저 이 '근원적 문제'에 대해 생각해 보기로 하자.

과연 무엇이 '객관'일까? 자연 과학의 영역에서는 이 문제를 상대적으로 쉽게 이해할 수 있지만, 인문 사회 과학에서는 그렇지 않다. 왜 그럴까? 일단 우리가 '객관적으로 일어난 사건'에 대해 이야기할 때 자주 언급하는 것들을 한번 떠올려 보자.

가령 영철이가 버스 정류장에서 버스를 기다리던 중 갑자기 맞은편에서 버스를 기다리던 두식이에게 달려가 다짜고짜 주먹을 휘둘렀다고 치자. 이 모든 과정은 정류장에 있던 CCTV에 기록되었다. 소위 이 사건의 객관적 사실을 진술하라고 하면 사건의 발생 시간, 장소, 인물, 행위에 대해 정확히 묘사해야 한다.

그런데 문제는 그 어떤 과장이나 덜어냄 없이 이 사건을 사실대로 진술한다고 한들 그것이 '사실'이 아닐 수도 있다는 점이다. 거기엔 우리가 미처 알지 못하는 문제들이 숨어 있을 수 있기 때문이다. 예를 들면, 이런 것이다. 둘은 원래 아는 사이인가? 영철이는 왜 두식이에게 주먹을 휘둘렀는가? 두 사람 사이에 원한이 있었는가? 아니면 서로 모르는 사이인데 정류장에서 뭔가 시비가 붙어 주먹다짐까지 하게 되었나? 그것도 아니면 영철이가 사회에 불만을

우리는 왜 공허한가

품고 두식에게 '묻지 마 폭행'을 저지른 것은 아닌가?

쉽게 말해, 어떤 행위가 발생한 시간, 장소, 그리고 과정은 객관적으로 기록될 수 있지만, 그 행위가 이루어진 맥락, 전후 사정, 그리고 당사자의 주관적 동기는 그 당사자만이 온전히 이해하고 설명할 수 있는 부분이다.

그렇다면 인터넷의 다양한 전파 기제는 우리가 사건을 정확히 이해하는 데 얼마나 도움이 될까?

인터넷의 긍정적인 역할 중 하나는 사건을 대중에게 신속하게 알리고, 이를 통해 토론과 관심을 불러일으키는 것이다. 이러한 관심은 때로 관련 기관이나 부처가 문제에 개입하도록 유도하며, 사건 해결이나 사회적 변화를 촉진하는 계기가 되기도 한다.

그렇지만 이것이 전부는 아니다. 인터넷의 부정적 역할도 무시할 수 없다. 사건과 아무런 직접적인 연관이 없는 '방관자'들이 이를 퍼뜨리고, 영상을 만들어 짜깁기하는 과정에서 각종 부정적인 의도와 동기가 개입되기도 한다. 이 과정에서 방관자들은 자신들의 잠재의식이나 의도에서 비롯된 악의적인 '편집'을 행할 수 있다.

주관적인 동기가 어떻든 간에, 이러한 전파 기제에는 필수적인 요소인 '맥락'이 빠져 있다. 이를 '탈맥락화Decontextualization'라고 부른다. 예를 들어, 아무리 가까운 사이더라도 심지어 가족끼리도 대화를 나누다 보면 서로의 관점, 처한 상황, 또는 세계관의 차이로 인해 말이 통하지 않거나 오해를 사는 경우가 많다. 이러한 일이 반복되면 대인관계가 부담스럽게 느껴지고 사회생활이 불편하게 다가올 수 있다. 그러나 이는 단순히 '대인기피'라는 현대 사회의 보편적 질환 때문이라기보다는, 본질적으로는 타인의 상황을 충분히 이해하지 못하거나 서로의 언어와 의미 체계를 정확히 공유하지 못해서 발생하는 문제다.

그런데 기술을 매개로 하는 인터넷 환경에서는 이 '탈맥락화' 현상이 훨씬 심각하게 드러난다. 더욱이 '조회 수'가 곧 돈이 되는 이 시대에서는 정보 선점과 조회 수를 늘리기 위해 자극적이고 악의적인 '섬네일'과 헤드라인이 관행처럼 사용되고 있다.

"우리가 몰랐던 그의 진실!", "사실은 그렇고 그런 사이?", "충격적인 그녀의 근황!" 같은 제목이 범람하는 이유도 여기에 있다.

이러한 자극적인 제목은 사람들의 관심을 끌어들이는 데 효과적일 수 있지만, 동시에 사건의 정황을 온전히 이해하지 못하도록 하며 '탈맥락화'를 더욱 부추긴다. 영화 「수색」에서 주인공과 함께 버스에 타고 있던 사람들, 그리고 현장 영상을 보고 비난과 질타를 퍼붓는 '키보드맨'들 모두 이 '탈맥락화'의 대표적인 사례라 할 수 있다.

공자는 "기소불욕己所不欲, 물시어인勿施於人"이라고 했다. '자신이 원하지 않는 것을 남에게 행하지 말라'는 공자의 가르침을 오늘날에도 많은 사람이 공감하고 마음에 새기며 살아가는 이유는 그만큼 인간의 기본적인 도리를 잘 담고 있기 때문이다. 그러나 이 가르침의 전제는 바로 '역지사지易地思之', 즉 타인의 입장에서 이해하고 공감하려는 마음이다.

만약 내가 「수색」의 주인공이라면 어땠을까? 그녀보다 더 나은 선택을 할 수 있었을까? 노인에게 자리를 더 공손하고 친절하게 양보했을까? 물론 그녀가 도덕적으로 완벽하다고 할 수는 없을지 모른다. 하지만 조금 전 '림프암 말기'라는 시한부 선고를 받은 그녀의 상황을 알게 된다면 어떨까? 우리가 그 사실을 안다면, 그녀를 조금 더 넓은 마음으로 이해하고 따뜻하게 안아줄 수 있지 않았을까?

인터넷의 등장은 빠른 기술 발전과 세대교체를 불러오며 숏폼 콘텐츠, SNS 플랫폼 등 다양한 파생상품을 만들어냈다. 이를 통해 마셜 맥루언이 예견했던 '미디어는 확장된다'는 명제가 실현되었음을 객관적으로 확인할 수 있다. 이러한 관점에서 미디어는 단순히 인간의 확장에서 그치지 않고, 가상 공간과 현실 공간 사이의 '무한한' 확장으로 정의될 수 있다. 특히 미디어는 개인에게 '무한한 세계'의 가능성을 열어준다.

이제 누구나 전 세계와 연결되고 다양한 기회를 탐구하며 정보의 홍수를 탐색할 수 있다. 하지만 현대인은 이 '무한한 세계'가 제공하는 주체성과 주인의식을 누리는 동시에, 넘쳐나는 정보들 속에서 제한적으로 정보를 선택하고 수용해야 하는 고통을 경험한다.

현대인의 가장 큰 특징은 그 어느 시대보다도 강한 주체 의식을 가지고 있다는 점이다. 이로 인해 정보를 습득하고 전달할 때도 자연스럽게 개인의 주체 의식이 개입된다. 이러한 과정에서 사건의 본래 정황과 당사자의 심정은 점차 개인적인 해석과 의견으로 대체되는 경향이 있다.

결과적으로 사건의 맥락이 희석되고, 이를 바탕으로 일종의 '탈맥락화'가 반영된 표현 기제가 형성된다. 이 기제가 심화되면 사건의 진상에 대한 객관적 이해는 어려워지고, 온라인 공간은 '추상적인 의견'과 근거 없는 악성 댓글이 난무하는 사이버 폭력의 온상이 되어버린다.

사회학자 예치정은 "전통 시대의 대중은 무언가를 발설하고 자신의 욕구대로 움직이며 제멋대로 행동하고 거칠고 무례한 특징을 보였다."라고 말했다. 그렇지만 현대성의 역사가 시작된 후 대중의 구성원인 개인에게 '이성'이라는 문명의 기기가 탑재되었다. 물론 그 '이성'이 앞서 말했던 대중의 동물적인 특징을 교정하거나 훈계할 수 있다는 뜻은 아니다. 도리어 이것은 기괴한 역사적 현상을 초래했다. 일단 어떠한 권력이 확립되거나 정당성이 확보되면 '행동의 주체'가 역사의 방향(가령 프랑스 대혁명과 같은)을 결정했고, 대중은 코뚜레 걸린 황소처럼 맥없이 끌려가야만 했다.[26]

이러한 상황 속에서 인터넷은 기술의 매개가 되어 현대인의 기본적인 생활 방식이 되었다. 그로 인해 대중은 좀 더 새롭고 편리한 '발설'의 공간을 확보하게 되었다. 인터넷은 본래 경계가 없고, 정보가 폭발적으로 확산되는 특성을 지니고 있기 때문에, 여기에서 인간의 이성은 끝없는 팽창을 경험했다. 그러나 이러한 특성이 지나치게 발휘되면, 이성적인 사고가 둔화될 수 있으며 결국 비이성적인 '집단 무의식'이 형성되는 결과를 초래하게 된다.

'탈맥락화'된 시대, 대중의 논리적 판단은?

∘ ∘ ∘

청나라의 이름난 선비였던 전대흔錢大昕이 쓴『혁유奕喩』라는 글에 다음과 같은 구절이 등장한다.

"지금처럼 다양한 것이 혼재된 사회에서 사람들은 자기가 옳다고 여기는 것만 인정하고, 그렇지 않은 것은 반대한다. 공자와 같은 권위 있는 스승이 사라진 지금, 옳고 그름을 확정할 수 있는 자가 어디 있겠는가?"[27]

그의 가르침은 수백 년이 흐른 지금, 현대에 대입해 보아도 전혀 어색함이 없다. 하지만 누군가는 이렇게 생각할 수도 있을 것이다. '탈맥락화' 때문에 사건의 진상을 완전히 알 수 없는 거라면, 세상에는 선과 악의 경계가 애초부터 존재하지 않는 건 아닐까? 만일 모든 '방관자'가 자기 눈으로 본 것과 귀로 들은 정보의 진위를 확신할 수 없다면, 결국 그 누구도 어떤 일에도 관심을 두지 않는 '집단 냉대'가 일어날 가능성이 크지 않을까? 이런 논리로 문제를 바라보면 결국 현대 사회의 '진상'과 마주하게 된다.

현대성은 우리에게 수많은 딜레마를 안겨준다. 먼저 이성을 중시하는 현대인에게 '인간에게 선과 악이라는 덕목만 있으면 충분하다'고 말하는 것은 매우 비정하고 받아들이기 어렵다. 현대인은 마르크스 베버가 말했듯, '이성과 신중함, 영민함'을 모두 갖추어야 한다고 믿는다. 그러나 한편으로, 우리는 대부분의 경우 이 세 가지를 완벽하게 갖추지 못한 채 침묵을 선택하게 된다.

이런 딜레마 속에서 미디어 업계는 급격한 발전을 이루었다. 과거의 전통적인 미디어는 라디오, 텔레비전, 신문, 잡지와 같은 형태로 정보가 일방적으로 생산되고 전달되는 방식을 기반으로 했다. 시간이 지나며 미디어는 점차 고도의 전문화를 이루었지만, 이

우리는 왜 공허한가

를 소비하는 대중은 여전히 제한적이었다. 이로 인해 정보 전달의 기제 속에서는 일종의 '정보 독점'이 가능했다. 하지만 모바일 인터넷 시대의 등장으로 이러한 정보 독점이 완전히 무너졌고, 정보의 출처는 더욱 다원화되었으며, 심지어 분산되는 경향을 보였다. 즉, 스마트폰을 사용하는 모든 사람은 이론적으로 독립적인 '정보 송출'의 출처가 된 셈이다.

그렇다면 기술의 틀이 변하고 분산형 정보 전파가 가능해지면서 사이버 폭력은 어떤 방식으로 심화되었고, 어떤 결과를 초래하게 되었을까? 개인적으로는 앞서 언급했던 '탈맥락화' 외에도, 인터넷 시대에 형성된 개인의 '끊어진 사슬의 이성'이 중요한 역할을 했다고 생각한다.

'이성'은 현대 문명의 기둥과 같은 역할을 한다. 르네상스와 계몽운동을 통해 사람들은 '신'으로부터 해방되어 개인의 가치와 의지가 존중받게 되었다. 자연과학의 발전으로 인간과 자연이 분리되며 과학이 탄생하고, 이 논리는 사람을 연구하는 데도 적용되었다. 인문 사회 과학은 현대 학문 체계에서 중요한 위치를 차지하게 되었고, 경제 발전과 교육 보급은 사람들로 하여금 개인의 이성을 신뢰하게 만들었다. 각기 다른 정치 제도를 갖춘 국가들이 평등과 자유, 독립을 기본 가치로 내세운 배경에는 이성이 자리잡고 있다.

그렇다면 과연 이성이란 무엇일까? 이를 해석하는 데는 의견이 분분하다. 만일 순수 학문 이론에만 얽매이지 않는다면 이성이란 '인간의 사고를 통해 형성되는 인지와 이러한 인지를 바탕으로 행하는 행동'을 일컫는다. 보통 비이성적인 행동은 충분한 생각을 거치지 않은 채 감정이나 전통, 혹은 종교적 신념에 따라 저지를 때가 많다. 인류는 이성적 사고 능력을 갖췄고, 이성을 바탕으로 자기 행동을 판단할 수 있는 존재다.

이성은 현대 사회의 '표식'과도 같은 것이다. 현대인은 이것으로 인간에게 가치를 부여한다. 이성이라는 단어에는 평등이나 자유와 같은 의미도 포함되어 있다. 한 사람의 이성적 능력은 출신 배경이나 경제적 상황, 선천적 조건과는 크게 관련이 없다. 법률적으로는 모든 사람이 평등하게 대우받아야 하며, 교육받아야 할 권리가 있기 때문이다.

자신의 이성을 충분히 드러내고 싶은 사람은 본인의 자유 의지를 마음껏 활용해야 한다. 그렇지만 복잡한 현대 사회 속에서 모든 사람은 복잡한 사회 현실을 마주하며 살아가기 때문에 완벽하게 이성에 따라 일을 처리하고 행동하기란 쉽지 않다.

현대 문명은 개인의 평등과 자유를 보장하고 이로써 개인이 누려야 할 정당한 권리를 마음껏 표현해야 한다고 가르친다. 그래서 사람들은 자신의 의견과 표현, 관점에 계속 '이성'이라는 그럴싸한

우리는 왜 공허한가

옷을 입힌다.

앞서 말했던 것처럼 인터넷과 대중 미디어의 발달로 현대인은 정보의 대폭발 속에서 살고 있다. 우리가 받아들이는 모든 정보는 모종의 가공을 통해 만들어진 것이다. 그런데 용솟음치듯 넘쳐나는 각종 정보로 인해 피로도가 높아질 대로 높아진 '방관자'들은 그 것의 진위나 전후 맥락을 세세하게 들여다보고 구체적으로 이해할 의지가 없다. 이런 상황에서 수많은 구조적 조건이 서로 만나 얽히면서 공공여론이나 인터넷 세상에서 현대인이 보여주는 모습은 일종의 '끊어진 사슬의 이성' 형상을 띠게 되었다.

소위 '끊어진 사슬의 이성'이란 현대인이 '가십성' 기사를 소비하거나 대중 토론, 게시물 작성 등의 활동을 할 때 실제로는 자신이 접한 '유한적'인 정보만을 근거로 판단을 내리고 행동한다는 뜻이다. 이러한 이성을 '끊어진 사슬'에 비유하는 이유는 정보 자체가 '파편적'이고 '산발적'이기 때문이다.

우리는 종종 자신이 모르는 누군가에 대한 사건을 접할 때, 그 당사자가 아니며, 심지어 사건의 정황을 진실되게 이해할 조건이나 능력이 부족한 경우가 많다. 그런데 '방관자'인 대중은 사실상 딜레마에 빠진다. 한편으로는 자신만의 생각을 표현할 권리와 자유를 지니고 있지만, 또 한편으로는 '탈맥락화'된 상황에서 그 생각을 발설하게 된다. 다시 말해, 사람들은 눈에 보이는 '행위'나 '행동'

을 근거로 이성을 발휘하지만, 자극적인 제목의 뉴스와 기사만으로 당사자들의 정확한 동기와 정황을 파악할 수 없는 '탈맥락화'된 상황에서 의견을 개진하게 된다.

하지만 '현대성'이라는 본능을 지닌 현대인은 '행위'를 통해 타인의 동기를 추측하고 이해하려고 한다. 독일의 사회학자 노르베르트 엘리아스가 『문명화 과정』에서 언급한 것처럼, '르네상스와 계몽운동의 중요한 결과는 한 개인의 행위에 그 사람의 내면과 문명화의 정도가 반영된다고 믿게 된 것'이다. 물론 이러한 '끊어진 사슬의 이성'이 항상 틀렸다고 할 수는 없지만, 문제는 그것을 모든 경우에 '보편적'으로 적용할 수 없다는 점이다. 왜냐하면 인간은 외면적으로 선을 추구하지만, 내면에는 악도 존재하는 복잡한 본성을 지니고 있기 때문이다. 따라서 아무리 합법적인 행위일지라도 그 사람의 내면이 도덕적이고 선하다고 단정할 수는 없다.

그런데 종교를 제외하고는 우리는 그것을 정확히 판단하고 정의할 수 있는 기제를 아직 찾지 못했다. 현대의 법률 체계는 주로 사람의 행위가 합법적인지 아닌지를 판단하는 데 초점을 맞추고 있다. 설령 내적 동기를 고려한다고 해도 그 동기에 대한 진정한 판단에는 한계가 있다. 푸코가 '법률로써 현대 정치와 사회를 통제하고 운영하는 것은 표면에만 머무른 정치'라고 말한 이유도 바로 여기에 있다. 즉, 현재의 법률이나 체제는 표면적인 '행위'만을 통

우리는 왜 공허한가

제할 수밖에 없다는 의미이다. 이러한 맥락에서 중국 형법 연구자 뤄샹罗翔 교수가 남긴 유명한 말이 쉽게 이해가 간다.

"법률은 인간의 도덕적 마지노선이다. 스스로 법을 잘 지키고 있다고 입버릇처럼 말하는 사람은 인간쓰레기인 경우가 많다."

주관적인 동기나 객관적 능력의 문제로, 대다수는 사건의 진상을 제대로 알지 못한 채 살아간다. 특히 인터넷 사회에서는 상황이 더 심각하다. 정보가 폭발적으로 생성되고, 사람들은 제목만 훑으며 기사를 대충 이해한다. 또한 '탈맥락화'된 정보 전파 방식으로 대중은 제한된 시공간 속에서 '끊어진 사슬의 이성'으로 사건을 접하게 된다. 결국 사람들은 '내가 본 행위'만으로 이해하고 판단하며, 사건의 진짜 상황에 대해 더 깊이 탐구하려 하지 않는다.

정서의 파도 속을 헤매는 인터넷 민중

○ ● ○

'끊어진 사슬의 이성'은 사이버 폭력의 근본적인 문제를 이해하는 데 있어 중요한 한 부분에 불과하다. 만약 문제가 그것 하나라면, 사람들이 기사의 제목만 읽고 대충 상황을 이해한 뒤 추측성

발언을 남기고 여론을 들끓게 하는 일은 일어나지 않았을 것이다. 하지만 문제는 그 '끊어진 사슬의 이성'뿐만 아니라, 현대인에게는 불타는 정의감이 가미된 '기다란 정서 사슬'도 존재한다는 점이다.

현대 사회를 이루는 사람들이 소박한 정의감과 기본적인 선과 악을 갖추지 않고 살아가는 것은 매우 비관적이다. 불의를 보고도 용기를 내지 못하고 뒤로 숨으려 한다면, 그것은 이상적인 사회의 모습이 아닐 것이다. 그러나 소박한 정의감이 대중과 집단의 힘과 결합해, 일종의 성난 여론을 형성할 때 심각한 일이 벌어질 수 있다. 특히 '기술'과 '사람'이 결합된 온라인 세계는 이러한 '기다란 정서 사슬'이 활발하게 움직이기 좋은 환경을 제공한다.

인간이 다른 동물들과 구별되는 중요한 점은 자신이 속한 사회의 가치관과 질서를 형성하고 이를 따르려는 의지이다. 이는 인간이 선을 향해 나아가려는 노력의 일환이며, 우리가 흔히 말하는 타인에 대한 동정, 연민, 사랑, 관심이 그 기반을 이룬다. 인터넷에서 가십을 소비할 때, 그 가십이 선과 악 혹은 옳고 그름에 관한 민감한 문제와 맞닿아 있으면, 사람들은 무의식중에 사건에 감정을 이입하거나 자신이 경험한 비슷한 상황을 떠올리며 정의감을 느끼고 공감하게 된다. 비록 사람은 독립적인 개체로서 생각이나 가치관이 다르지만, 모두 인간이라는 공통된 정체성 아래 동질감을 느

우리는 왜 공허한가

끼며 살아간다. 그래서 이목을 끄는 기사 제목은 인간의 정서와 가치를 나타내는 '최대공약수'를 반영하는 것이다.

이성과 정의를 중요한 기치로 삼아 살아가는 현대인은 고도로 이질화된 사회 속에서 살아가고 있다. 매일 만나는 대부분의 사람은 전혀 다른 지역, 다른 업계에서 온 낯선 사람들이기 때문이다. 현대인은 자기만의 생활과 프라이버시를 중요시하며 경계를 명확히 하지만, 동시에 불안과 외로움, 우울감을 느끼며 자기 생각을 표현하고 자유를 실현할 공간을 필요로 한다. 인터넷의 전파 기제는 바로 이러한 요구와 조건을 충족시키는 매체이다.

"소문을 퍼뜨리는 건 쉽지만, 그걸 해명하려면 다리가 부러질 정도로 뛰어다녀야 한다."

이 말이 의미하는 바는 무엇일까? 나는 여기서 개인의 선과 악에 관한 논의가 아니라, 그 이면에 존재하는 '기제'에 대해 이야기하고자 한다.

오늘날, 이슈가 터지면 사람들은 반전이 일어나거나 사건이 종결되기 전에 이를 쫓아가며 물어뜯고 싸우기 시작한다. 결국 상황이 왜곡되며 사건의 본질은 흐려지고, 새로운 가십으로 대체된다. 하지만 여론은 잠잠해지지 않고, 사건이 완전히 마무리되지 않은 채 또 다른 상처를 낳는다. 이런 식으로 '분노의 전이'가 일어나며,

끊임없이 상처가 더해지고 분노가 고조된다. 이러한 정서의 '최대 공약수'는 이슈마다 격렬하고 성난 모습으로 나타난다. 이것이 바로 '기다란 정서 사슬'이다. 온라인 사회에서 기술적 특성과 결합된 '끊어진 사슬의 이성'과 '기다란 정서 사슬', 이 두 가지 요소가 사이버 폭력의 주요 원인이다.

'군중심리학'의 대표작으로 불리는 프랑스 사회 심리학자 귀스타브 르 봉의 『군중심리』에는 맹목적이고 비이성적인 군중심리가 왜 발생하는지에 대한 구절이 등장한다.

> "군중의 상상력에 영향을 주는 것은 사건 자체가 아니라, 그것이 어떠한 방식으로 발생하고 사람들의 주의를 끄느냐에 달려 있다."[28]

프랑스 사회학자 에밀 뒤르켐은 귀스타브 르 봉보다 앞서 『종교 생활의 원초적 형태』에서 비슷한 주제를 다루었다. 그는 '집단 열광collective effervescence'이라는 개념을 통해 사람들이 예상치 못한 유대감을 느끼면 강렬한 에너지가 발생하는 현상을 설명했다. 뒤르켐은 오스트레일리아 원주민 부락의 종교 의식을 예로 들며, "의식을 통해 원주민은 평범한 일상과 세속적 상태에서 벗어나, 일종의 '집단 열광' 상태로 들어가 신성한 존재와의 연결감을 느낀다."라

우리는 왜 공허한가

고 지적했다.[29]

비록 지금의 현대 사회와 뒤르켐이 언급한 원주민 부락은 하늘과 땅 차이처럼 보이지만, 집단 열광과 이를 통해 신성함을 느끼는 그들의 모습이 과연 지금의 우리와 완전히 다르다고 할 수 있을까? 혹시 인터넷이라는 공간 안에서 '끊어진 사슬의 이성'과 '기다란 정서 사슬'에 이끌려 사이버 폭력을 일삼으며 일종의 집단적인 '신성함'과 '정의감'에 불타오르고 있는 것은 아닐까?

2장

—

현대인의 공허,
그리고 그 너머

06

다수가 만든 외모의
올가미

얼굴, 현대 사회의 비언어적 언어

○ ● ○

아름다움에 대한 인간의 욕망과 추구는 예나 지금이나 한결같다. 또한 아름다움에 대한 동경과 시기猜忌는 '동서고금'을 막론한다. 서양의 이솝우화, 신화, 그리고 역사의 발전 과정을 봐도 미모를 시기하고 질투하며 찬양하는 이야기가 자주 등장한다. 그리스 로마 신화 속 미美의 여신 아프로디테가 대표적인 예다. 그 유명한 트로이 전쟁도 사실 당시 세계에서 가장 아름다웠던 여인 헬레네를 차지하기 위해 일어난 싸움이다. 아가멤논과 메넬라오스가 이끈 그리스-로마 연합군은 트로이 왕자 파리스가 납치한 아내 헬레나를 되찾기 위해 전쟁을 일으켰다.

물론 이 이야기를 단순히 '미녀를 독차지하기 위한 싸움'으로만 해석해서는 안 되지만 '미모'가 우리 삶에 중요한 영향을 미친다는 점은 부인하기 어렵다. '예뻐지려는 마음은 누구에게나 있다'는 중국 속담처럼 아름다움에 대한 열망은 문화와 역사, 문명을 넘어 인류 역사에 공통으로 존재하는 일종의 본능이다.

현대인에게 외모를 가꾸는 일은 자연적이고 생물학적인 본능에 가까운 행동이라고 할 수 있다. 동시에 이는 평등과 자유의 가치를 표현하는 중요한 행위이기도 하다. 모든 사람은 자신을 아름답게 가꿀 권리와 원하는 방식으로 외모를 표현할 권리를 지니기 때문이다. 그러나 현대 사회의 복잡한 구조 속에서 아름다움을 추구하는 개인의 열망은 두 가지 '기이한' 현상으로 변질되곤 한다. 그것은 바로 '외모에 대한 불안'과 '미의 획일화'다. 이러한 현상으로 인해 미의 기준과 본질을 둘러싼 논쟁과 성찰이 끊임없이 이어지고 있다.

먼저 '외모에 대한 불안'을 살펴보자.

현대인은 보편적으로 자기 용모에 일종의 부족함을 느끼거나 더 완벽해지고 싶은 욕구가 있다. 어릴 적 읽었던 동화 『백설공주』에서도 그런 욕구와 불안에 떠는 왕비가 날마다 요술 거울에게 "거울아, 거울아. 이 세상에서 누가 제일 예쁘니?"라고 묻는다.

그런데 전통 사회에서는 외모에 대한 불안과 걱정이 두드러지진 않았다. 왜냐하면 걱정한들 딱히 달라질 것이 없었기 때문이다. 과거에는 외모란 '정해진 운명'의 범주에 속하는 것으로 여겼지만, 현대 사회에 들어와서는 '내가 만들어가는 것'이란 개념으로 바뀌었다. 사람들은 화장이나 건강 보조 식품, 운동과 의료 시술 등의 도움을 받아 자신을 더 보기 좋게 가꾼다. 그에 걸맞게 현대 사회에서는 일종의 외모를 둘러싼 문제와 불안함이 보편적으로 발생하고 있다. 이러한 불안과 두려움은 기술의 발전이나 사고의 변화로 해결되기보다는 오히려 더 많은 사람을 옥죄고 불안하게 만들며, 심지어 열등감, 자괴감, 대인기피 증상까지 유발하게 한다. 과거에는 자신의 외모가 마음에 들지 않더라도 이를 받아들일 수밖에 없었지만, 이제는 '태생적으로' 물려받은 외모를 얼마든지 바꿀 수 있는 방법이 많아진 만큼, 오히려 외모에 대한 불만과 불안은 더 커지고 있다. 그 결과, 이제는 외모를 고쳐야 할지 말아야 할지, 그리고 어떻게 고쳐야 할지가 중요한 고민거리로 떠오르고 있다.

코스메틱 산업과 메이크업, 헤어스타일 등 미용 관련 영상을 올리는 뷰튜버들이 큰 인기를 끌고 있으며, 예쁜 몸매를 만들어주는 스포츠 산업도 뜨고 있다. 이러한 흐름 속에서 의료 미용 산업은 전례 없는 호황을 맞이했다. 특히 여성뿐만 아니라 남성들도 외모에 대한 관심을 크게 기울이기 시작하면서, 과거에는 헬스와 운동에 집중하던 남성 고객들이 이제는 화장품, 뷰티, 패션 분야에서도 두각을 나타내고 있다.

모 연구에 따르면, 전 세계 의료 미용 서비스 시장은 2016년 1,149억 달러에서 2020년 1,375억 달러로 증가했는데 성형 관련 시장이 전체의 81%를 차지하고, '비수술' 서비스는 19%를 차지했다. 이 같은 외모에 대한 소비가 급증하면서 대중은 점점 무형의 경쟁을 벌이고 있으며, 그 결과 외모에 대한 불안이 커지고 있다. 특히 대중이 추구하는 아름다움의 기준이 점차 '동질화'되고 있는 점이 주목할 만하다.

인터넷 인플루언서들은 대체로 V자 턱선, 높은 코, 크고 쌍꺼풀 있는 눈 등 비슷한 외모를 갖추고 있으며, 이는 최근 유행하는 '인플루언서 얼굴'로 불린다. 과거와 달리, 요즘 인기 있는 남자 연예인들의 외모와 체격에도 비슷한 경향이 뚜렷하다. 이는 대중이 생각하는 아름다움에 대한 상상력이 점차 제한되고 있다는 것을 시사한다.

이러한 현상들을 통해 우리는 다음과 같은 몇 가지 문제를 생각해 볼 수 있다.

현대인에게는 외모나 용모는 어떤 의미를 지니는가? 인류는 왜 이러한 현상에 '불안'을 느끼는가? 현대 사회에는 왜 외모의 동질화가 나타나는가? 이러한 추세가 뜻하는 바는 무엇일까? 이를 더 구체적인 질문으로 바꿔 생각해 보자. 외모의 '아름다움'이라는 것에는 과연 객관적인 기준이 있는 것일까? 그 기준은 순수하게 개인마다 다르게 적용되는 걸까?

사람은 무리를 지어 살아가는 동물이며 주관적인 의지를 지닌 고등 동물이다. 인류는 다른 생물에게 없는 생각과 인지, 가치를 지녔으며, 이러한 요소는 인류의 언어와 문자를 통해 표출된다. 그래서 인류 사회에는 각양각색의 '부호'가 다양하게 존재한다.

미국 사회학자 어빙 고프만은 "인류 사회의 모든 사회적 관계, 대인관계 및 사회 질서는 이러한 부호를 매개로 탄생한다."라고 말했다. 그는 '소위 인류의 사회생활이란 각기 다른 외투를 걸치고 하는 희극'과 같아서 각자의 필요에 맞게 사회적 역할을 연기하는 것이라고 지적했다.[30]

이런 시각에서 보면 언어나 문자 말고도 사람의 '얼굴'이 사회생활에서 하나의 중요한 부호 역할을 한다는 걸 알 수 있다. 일상생활에서 우리는 종종 '그 사람에 대한 첫인상은…', '첫눈에 반했다'라는 등의 말을 쓰는데 이 역시 외모가 일상적 대인관계에서 매우 중요하다는 걸 대변한다. 한때 인터넷에서 유행했던 '외모가 곧 인품'이라는 말 역시 외모의 중요성을 특별히 강조한 것이라는 걸 알 수 있다.

실제로 의료 미용 산업이나 인기 여성 인플루언서들이 사회 대중에게 전달하는 메시지는 동일하다. 한 개인의 생물학적 부호인 '얼굴'이 대인관계나 직장생활에서 타인에게 미치는 영향이 날로 중요해지고 있다는 것이다.

미용 산업이 만든 '표준화된 아름다움'

○ ● ○

중국에서는 평소에 누군가의 외모를 비하하거나 인신공격을 할 때 '생긴 게 추상적'이라는 말을 자주 쓴다. 말 그대로 그 사람의 외모를 우리가 쓰는 언어로 묘사하기 어렵다는 뜻이다. 물론 이것은 매우 악의적이고 무례한 표현이다. 왜냐하면 인류는 아주 오랜 시간 사람의 외모는 하늘이 정해 준 것으로 본인의 뜻대로 결정할 수 있는 것이 아니라고 여겼기 때문이다. 물론 과학의 발전으로 인류는 자기 외모가 생물학적 의미의 부모가 물려준 유전자와 관련 있다는 사실을 알게 되었지만, 그렇다고 해도 외모는 여전히 후천적으로 바꾸기 어렵다고 생각했다. 심지어 특정 문화권에서는 개인의 외모는 혈연 가족은 물론 모종의 '신성성'도 있다는 인식도 있었다. 소위 부모님께서 물려준 소중한 재산이라는 생각이 강했기 때문이다.

하지만 이런 상황은 인류가 현대 사회로 진입하면서 엄청난 변화를 맞이했다. 이는 의료 기술의 발달로 성형 산업이 합법적인 지위를 차지한 덕분이다. 해당 산업은 소비를 촉진하고 일자리를 제공하는 등의 거대한 산업 사슬을 형성하게 되었는데 여기에는 의료 미용 기기, 전문 의료 미용 종사자, 소비자 등이 포함된다. 그뿐 아니라 현대 사회의 중요한 특징인 사회 분업화로 의료 미용 업계에서도 세분화가 일어났다. 하지만 이러한 요소는 기술과 경제적인 측면, 즉 눈에 보이는 '표면적'인 동력에 해당할 뿐이다.

여기에서는 현대 문명의 토대를 이루는 핵심 사상과 관념인 '평등', '자유', '독립'의 관점에서 이 현상을 분석해 보고자 한다.

구체적으로 이 세 가지 키워드를 현대인의 외모에 대입해 보면, 그중 가장 중요한 위치를 차지하는 개념은 '평등'이다. 현대성은 사람들 간의 평등을 강하게 강조하지만, 현실적으로 이를 절대적으로 실현하는 것은 쉽지 않다. 예컨대, 사람이 태어나면서 자신의 외모나 피부색, 부모, 유전자, 가정환경 등을 선택할 수 없는 것처럼, 이러한 요소들은 현대 사회에서도 해결할 수 없는 근본적인 불평등으로 남아 있다. 이에 따라 현대 문명은 '평등'이라는 개념에 하나의 '한정사'를 더해 확장시켰다. 그것이 바로 '권리'라는 개념이다.

쉽게 말하자면, 현대인은 태어나면서부터 다양한 불평등의 '선천적 요소'를 마주하게 되지만, 신분적 지위에서는 모두가 평등하다. 이는 모든 사람이 법 앞에서 평등하며 교육을 받을 권리를 가진다는 것을 의미한다. 이러한 평등은 실질적으로 '기회의 평등'을 말하며, 이를 통해 현대 사회는 개인의 기본적인 생존을 최대한 보장하려 한다.

따라서 현대 사회에서 모든 사람은 노력하고 공부함으로써 자신의 운명을 바꿀 수 있고, 의료 미용을 통해 외모를 개선할 수도 있다. 이것은 평등의 권리를 실현하는 동시에, 이를 어떻게 활용할지는 전적으로 개인의 자유에 속한다. 외모를 고칠지 말지, 혹은 고치고 난 뒤 어떤 결과를 얻을지는 현대인이 독립적으로 내리는 선택이며, 그 선택의 책임은 전적으로 개인에게 달려 있다.

현재 중국에서는 '신체는 부모로부터 물려받은 소중한 재산'이라는 전통적인 생각을 가진 젊은이가 거의 없다. 성형 수술은 과거처럼 논쟁의 대상이 되지 않으며, 점점 더 많은 사람이 외모를 개선하는 데 관심을 기울이고 있다. 특히 의료 미용 산업이 선진적인 이웃 국가 한국은, 중국인들에게 성형 수술을 목적으로 가장 먼저 찾는 나라로 자리 잡았다.

그러나 최근 인터넷과 디지털 플랫폼의 빠른 발전으로 흥미로운 현상이 나타나고 있다. 다양한 숏폼 콘텐츠 플랫폼에 등장하는 사람들의 얼굴이 이른바 '인플루언서 얼굴'이라는 특정한 외모 스타일로 점점 더 비슷해지는 경향을 보이고 있다는 것이다.

이론적으로 보면 자기 외모를 바꾸는 건 개인의 자유와 평등의 권리를 실현하는 일이다. 그러므로 모든 사람은 완전히 본인의 의사에 따라 자기를 다시 '만들어낼 수' 있다. 그런데 왜 이렇듯 '미의 동질화'가 생겨난 것일까? 여기에는 여러 원인이 있다.

만일 누군가 내게 단 하나의 단어로 현대 사회의 특징을 설명하라고 한다면 나는 '규격화'라는 단어를 선택할 것이다. 현대 문명의 기반은 '산업'이다. 산업의 진보와 기술의 발전으로 인류의 생산 능력은 새로운 역사를 맞이했다. 산업화를 통해 거래용 상품을 대량으로 생산할 수 있게 되었고 이것이 상업 문명과 도시의 번영을 가능하게 했다. 그렇다면 '돌을 금으로' 만드는 산업의 능력은 도대체 어디서, 어떻게 시작된 것일까? 그것은 바로 대량 생산 능력에 있다. 대량 생산 능력의 전제는 '규격화'다. 이것을 통해 강력한 복제를 이뤄내기 때문이다.

산업의 비밀은 공장의 생산라인에 있으며 생산라인은 모든 구간, 마디마디가 서로 연결되어 있다. 아울러 이 생산라인의 모든 프로세스는 명확한 규격을 통과해야 한다. 생산라인에서 일하는 작업자의 작업방식 역시 '반복성'이라는 중요한 특징을 보인다. 여기에 상응하는 규격 역시 통일적이다. 산업 문명의 이 규격화라는 특징은 강력한 복제성과 거대한 생산 효능을 지녔다. 이를 통해 산업 영역 이외의 부분으로 발전, 확장할 수 있었다. 그래서 현대인들은 종종 상품을 고를 때 규격을 따진다.

그 외에도 가고 싶은 학교를 정할 때 성적이나 취업률 같은 '규격'을 참고한다. 이성을 볼 때는 그 사람이 배우자의 '규격'에 맞는지를 따진다. 누군가의 외모를 칭찬할 때는 '눈코입의 비율이 정확'하다고 말한다. 그런데 그러한 기준은 주관적인 것일까, 아니면 객관적인 것일까? 사람의 얼굴에 기준이라는 게, 규격이라는 게 과연 존재할까? 중국의 지식공유 플랫폼 즈후^{知乎}에서 발표한 '얼굴의 미학적기준'이라는 글에는 다음과 같은 흥미로운 정보가 소개되어 있다.

세계 각국은 대체로 'V형 얼굴', '계란형 얼굴'을 가장 아름다운 얼굴형이라고 생각한다. 표준 얼굴형 규격에 따르면, 얼굴의 세로 및 가로의 비율은 1.618:1로 이것이 황금비율에 해당한다. 중국의 경우 '3정5안^{3庭5眼}'[31]을 아름다운 얼굴의 표준으로 삼는다. 게다가 이 글에는 완벽한 '오관^{五官}'의 구체적인 기준이 등장한다.

(1) 눈: 두 눈이 대칭을 이루고 아이홀이 적당히 파여야 함.

(2) 코: 양쪽 눈 쌍꺼풀 사이 중앙에 위치해야 하며, 코끝 봉우리가 봉긋해야 함.

(3) 귀: 두 귀가 대칭을 이루고 크기와 형태가 동일함.

(4) 입술: 윗입술의 1/3이 약간 앞쪽을 향해 봉긋 솟아있어야 함.

우리는 왜 공허한가

(5) 치아: 입을 다물었을 때 위쪽 앞니가 아래쪽 앞니의 1/3을 덮어야 함. 위쪽 중앙 앞니와 얼굴형이 동일해야 하며 치아가 고르고 깨끗해야 함. 미소를 지을 때 양쪽 송곳니가 살짝 드러나야 함.[32]

나는 이 글의 내용이 '표준 답안'인지 아닌지 판단하거나 평가하려는 마음은 없다. 다만 사람의 외모에 기준을 정하고 경계를 나누려는 이러한 시도와 방향이 결국 산업의 규격화와 같은 맥락에 있다는 점을 지적하고 싶다.

현대 사회에 들어선 이후, 인류는 각 분야에서 객관적이고 과학적인 인과관계를 찾으려는 노력을 끊임없이 이어왔다. 이를 위해 규격화와 수치화의 방식을 통해 인과관계를 드러내고, 이를 근거로 인류 사회의 과학적 법칙을 증명하고자 했다.

의료 미용이 거대한 경제 동력을 가진 산업으로 발전하면서, 경제 규율에 기반한 규격화가 점차 강력한 영향을 미치기 시작했다. 이제는 프로세스뿐만 아니라, 기술을 적용한 '효과'마저 규격화된 방식으로 표현해야만 사용자들의 관심을 끌 수 있다. 쉽게 말해, 성형 후의 효과를 눈에 띄는 방식으로 규격화해 설명할 때 고객들의 이목이 집중된다.

예를 들어, 병원들은 '3정5안'과 같은 규격화된 개념을 사용해 설명하기 시작했으며, 'V라인 얼굴'이나 '오똑한 콧날'과 같은 표현을 예로 들었다. 여기에 대중 매체의 발달과 '구독 경제'의 확산이 더해지면서 '연예인 얼굴'이나 '인플루언서 얼굴'이 하나의 트렌드로 자리 잡았다. 사람들은 그들의 콘텐츠를 소비하며 이러한 얼굴형을 일종의 '표식'이나 '부호'로 인식하게 되었고, 이는 머릿속에 깊은 인상을 남겼다. 결과적으로 각종 숏폼 플랫폼에서 엄청난 인기를 얻는 인플루언서들의 얼굴이 서로 비슷해 보이는 이유도 바로 여기에 있다.

미국의 사회학자 조지 리처는 『맥도날드 그리고 맥도날드화』에서 현대 사회의 운영 기제를 맥도날드에 비유한다. 그는 "맥도날드의 기본적인 특징은 프로세스와 제품의 규격화다. 세계 각지의 맥도날드는 모두 동일한 기준을 준수하고 있다. 현대 사회의 운행 및 발전 추이를 봤을 때 각 산업에서 이러한 '맥도날드화'가 [33]일어나고 있다."라고 지적했다.

이런 의미에서 보면 현대 사회의 '심미관'과 '외모' 역시 예외가 아니다.

은밀하게 이뤄지는 다수의 폭정

○ ● ○

만일 '인플루언서 얼굴형'이 인기를 얻는 이유가 지금의 사회 환경과 그 안에 녹아든 자본 및 매체 때문이라고 한다면 이어서 더 근원적인 문제, 즉 '우리가 추구하는 외모'에 대해 생각해 보려고 한다.

일상에서 친구들과 대화를 나누다 보면 이런 이야기를 할 때가 있다.

"누구 만나러 가는데 이렇게 예쁘게 꾸몄어?"

"만나긴 누굴 만나. 그냥 내 만족으로 하는 거지. 예뻐 보이면 자신감도 생기고 좋잖아."

사실 이런 대화는 '미美'에 대한 기준을 어떻게 인지하고 정의해야 하는지에 대한 질문으로 이어진다. 다시 말해, '나는 예쁘다' 혹은 '나는 멋있다'고 말할 때, 그 판단의 근거가 순전히 개인적인 자의식에 기반한 것인지, 아니면 사회적이고 대중적인 인식에 의해 형성된 것인지를 묻는 것이다.

현대 사회에서는 '미'란 개인에게 국한된 개념이라고 생각하는 이들이 많다. 설령 다수의 사람들이 보기에 평범하거나 못생긴 외모라 할지라도, 본인이 스스로를 '매력적'이라고 여기면 그만이라는 것이다. 이는 다양한 가치를 존중하고 개인의 자의식을 중시하는 현대 사회의 분위기에서 비롯된 것으로, '자의식'은 이론적으로나 가치적으로 타인의 평가보다 우위에 있다고 여겨진다.

그러나 현실적으로 우리의 자의식은 '사회'라는 거대한 구조로부터 완전히 독립할 수 없다. 미의 기준 역시 마찬가지다. 더 나아가 어떤 의미에서는 아름다움이라는 개념 자체가 '사회'라는 맥락에서 가장 강하게 드러나기도 한다. 그렇다면 왜 미의 기준이 사회적 맥락에서 이렇게 뚜렷하게 나타나는 걸까? 혹시 이것이 현대 사회가 강조하는 개인의 가치를 부정하는 것은 아닐까?

이렇게 한번 생각해 보자. 만일 이 세상에 나 한 사람만 있다면 예쁘고 못생김의 구분이 있을까? 물론 이건 매우 극단적인 예이고 절대 불가능한 상황이긴 하지만, 마음을 열고 생각을 열어 당신이 그런 상황에 처했다고 가정해 보자. 그러면 예쁘고 못생긴 건 물론 키가 크고 작은 것, 뚱뚱하고 마른 것 등을 아예 판단할 수 없을 것이다. 비교 대상이 없기 때문이다.

미국의 사회학자 찰스 호튼 쿨리는 『인간성과 사회 질서』라는 저서를 통해 '면경자아 Looing Glass Self'라는 유명한 이론을 발표했다.

우리는 거울을 통해 나의 얼굴과 몸, 옷차림새를 살핀다. 왜냐하면 이러한 형상이 내게 속한 것이고 우리는 그것에 흥미를 느끼기 때문이다. 우리는 이러한 형상이 나의 바람에 부합하는지 아닌지를 판단해 만족 혹은 불만족의 감정을 느낀다. 동일한 원리로 우리는 다른 사람이 평가하는 나의 외모나 느낌, 행동이나 성격 등의 영향을 받아 나 자신을 인정하고 이해한다.[34]

중국의 대표적인 사회학자 페이샤오퉁費孝通 역시 다른 사람을 통해 나를 본다는 뜻의 '아간인간아我看人看我'[35]라는 다섯 글자로 '면경자아' 이론을 정확히 설명했다. 이는 외모나 신체의 아름다움만이 아니라 본인의 성격에 대한 인지와 인식을 이 다섯 글자에 포괄한 것이라 할 수 있다. 실제로 우리는 자신을 이해할 때 타인으로 구성된 대중을 통해, 즉 다른 사람이 평가하는 나의 모습을 통해 자신을 인식하고 이해한다.

이런 의미에서 보면 사회는 우리의 '레퍼런스' 역할을 하며 자의식의 중요한 원천이 된다. 사회는 개인 개인이 모여 구성되지만 일단 형성이 되면 개인의 역량을 훨씬 넘어선다. 이러한 역량은 다양한 방식으로 많은 영역에서 사람들에게 스며드는데, 외모에 대한 일련의 인지가 형성되면 그것이 구체적인 모습으로 드러난다.

우리가 입에 달고 사는 '유행', '트렌드'라는 것도 외모와 관련한 것들이 많다. "메이크업이 요즘 스타일이야.", "헤어스타일 진짜 트렌디하다."라고 말할 때 '유행'이나 '트렌드'가 대체 무엇인지 생각해 본 적 있는가? 소위 유행이라는 건 일시적으로 많은 사람의 추종을 받아 널리 퍼지는 현상을 가리킨다. 그렇다면 유행은 소수에 의해 대다수가 같은 선택을 내리고 취향을 형성하는 것일까, 아니면 대다수가 '자주'적인 선택으로 공감대를 이루는 것일까? 나는 이러한 질문은 '닭이 먼저냐 달걀이 먼저냐'와 별반 다를 게 없다고 생각한다. 그렇지만 예민한 자본의 후각과 대중 미디어는 유행과 트렌드에서 대체 불가능한 작용을 한다는 점은 알아둘 필요가 있다.

일단 복잡한 전문 용어나 추상적인 사고방식은 제쳐두고, 미에 대한 기준이 일원화되어야 하는지, 아니면 다양화되어야 하는지, 외모에 대한 인식이 '나 자신'이 기준이 되어야 하는지, 아니면 '타인'이 기준이 되어야 하는지에 대해 고민하다 보면 이러한 문제들이 '가짜'라는 걸 발견할 수 있다. 왜냐하면 이 두 가지 문제 뒤에 숨겨진 진짜 본질적인 문제를 깨닫기 때문이다. 그것은 곧 현대 사회에 존재하는 '외모의 경제'와 '외모에 대한 불안'이 '다수의 폭정'으로 만들어진다는 사실이다.

'다수의 폭정'은 프랑스 사회학자 알렉시 드 토크빌이 『미국의 민주주의』에서 처음 제시한 개념으로, 미국 사회의 민주주의를 사회학적으로 분석하며 논의된 것이다. 그는 개인이 권리를 지니고 이를 끊임없이 주장하는 대중을 기반으로 한 민주 사회, 특히 미국과 같은 체제에는 '다수=정의'라는 잠재적 위험이 숨어 있다고 지적했다.

토크빌에 따르면, '평등'이라는 추상적 개념은 개인에게 형식적인 대등함을 제공하는 동시에 개인주의를 극대화한다. 현대 사회에서 계몽된 개인은 이성적 사고와 신중한 태도를 바탕으로 자신의 평등한 권리를 독립적으로 행사한다고 여겨진다. 그러나 현실

우리는 왜 공허한가

에서는 모든 사람의 선택이 항상 이성적이고 신중할 수 없으며, 이는 오히려 '당연한 일'을 '갑작스러운 일'로 둔갑시키는 현대 문명의 특성과 연결된다. 이러한 맥락에서 토크빌은 다수가 곧 정의로 여겨지는 상황이 때로는 개인의 자유를 억압할 수 있다는 점을 경고하며 이를 '다수의 폭정'으로 정의했다.

그는 책에서 '가령 미국이 멸망하는 날이 온다면 그것은 다수가 지닌 무한한 권위로 인한 멸망이다. 왜냐하면 이러한 권위가 소수의 분노를 일으켜 그들이 무력을 행사하도록 몰아가기 때문'[36]이라고 지적했다.

실제로 자본과 미디어의 영향으로 만들어진 오늘날의 외모 '정형화'와 트렌드는 외모 지상주의 속에서 나타나는 일종의 '다수의 폭정'이다. 흥미로운 점은 현대 사회에서 '주류'와 '비주류'의 경계가 언제든 바뀔 수 있다는 것이다. 예를 들어, 과거에는 '탑모델'의 기준이 비교적 고정적이었다. 하얗고 아름다운 얼굴, 날씬한 몸매, 큰 키가 이상적인 '스펙'으로 여겨졌지만, 최근 들어 이런 관념에 변화가 생겼다. 사람들은 이런 고정된 기준이 대중의 미적 감각을 제한하고 개방적인 사고를 저해한다고 본다. 또 선천적으로 그 기준에 도달할 수 없는 이들에게 큰 상처를 주고, 특히 다른 피부색이나 신체 조건을 가진 사람들에게는 무자비한 차별로 작용한다는 목소리가 커지고 있다.

그래서 최근에는 쇼핑몰이나 매체에서 다양한 모습의 '모델'을 쉽게 볼 수 있다. '빅사이즈', '통통녀', '키작남' 같은 단어가 종종 등장하며 사람들의 공감을 얻고 있다. 이런 흐름을 보면 '통통함'이 아름다움의 '주류'가 되지 않을 것이라고 누가 확신할 수 있겠는가? 당나라 시대 중국 미녀상을 떠올려 보면 알 수 있다.

결국 '외모 경제'나 '외모에 대한 불안' 같은 현상의 핵심은 외모의 정형화나 통일된 트렌드 따위가 아니다. 중요한 것은 아름다움에 대한 대중의 인식이 어떤 과정을 거쳐 만들어지고, 그것이 어떤 사회적 파장을 일으키는지다. 이는 다양한 요소가 얽히며 나타나는 일종의 '다수의 폭정'이다. 하지만 이는 격렬한 몸싸움이나 피를 흘리는 폭정이 아니라, 소리소문 없이 개인의 생각과 가치관 속에서 은밀하게 힘을 발휘한다는 점을 우리는 인식해야 한다.

매력적인 사람의 사회적 비밀

○ ● ○

지금까지 언급한 외모에 관한 문제는 주로 얼굴이나 체형에 대한 개인의 인지에 초점이 맞춰져 있었다. 그러나 몸매나 얼굴 생김새가 한 사람을 깊이 이해하는 데 절대적인 영향을 미치는 것은 아니다. 중국 전통문화 가운데 중요하게 여기는 것 하나가 바로 그

우리는 왜 공허한가

사람이 풍기는 '분위기'다.

그렇다면 과연 사람의 분위기란 무엇일까? 이목구비를 인간의 생물학적 부호라고 한다면, 분위기는 인류의 사회학적 표현이라고 할 수 있다. 사람이 고고하고 우아한 분위기를 풍기는지, 아니면 상스럽고 천박한 분위기를 풍기는지는 이목구비와는 크게 관련이 없다. 왜냐하면 사람은 눈빛 하나만으로도 자신의 성격과 분위기를 내뿜을 수 있기 때문이다. 다시 말해, 정말 괜찮은 사람인지 아닌지를 판단할 때 보통은 그 사람의 눈·코·입의 위치, 정렬 방식을 보는 게 아니라, 그 사람이 풍기는 분위기가 어떤지를 따진다. 이러한 분위기는 그 사람이 살아온 인생의 여정을 말해 주기도 한다. 그 사람이 살았던 지역, 읽었던 책, 걸어온 길, 사랑했던 사람이 한데 모여 세월이 지나 한 폭의 그림을 그려내는 것이다. 신기한 건 이러한 그림은 조금의 거짓 없이 그 사람의 얼굴에 새겨져 그만의 고유한 분위기를 만들어낸다는 점이다.

이런 의미에서 보면 분위기라는 것은 지극히 개인적이며 절대 동질화될 수 없는 특징을 지닌다. 모든 사람의 인생은 다르기 때문이다. 그런데 흥미로운 것은 이 분위기 역시 고도의 사회적 속성을 지닌다는 사실이다. 이는 한 사람이 사회화 과정을 거치는 동안 수많은 요소가 어우러져 만들어지기 때문이다. 그래서 분위기는 개인에게만 속하는 고요한 속성이면서도, 상황에 따라 집단적인 색

채를 드러내기도 한다. '장소가 변하면 사람도 변한다'는 말처럼, 같은 생활권에 사는 사람들에게는 공통적인 특징이 나타나기 때문이다.

중국의 철학자 리저허우李澤厚는 저서 『미의 역정美的歷程』에서 다음과 같이 언급한다.

"미는 감성과 이성, 형식과 내용, 진실과 선함, 합법성과 합목적성을 모두 아우른다. 인성과 마찬가지로 미는 인류 역사가 만들어낸 위대한 성과다."[37]

현대 사회에 들어서면서 인간의 미적 추구와 취향, 그리고 미에 대한 '객관적' 기준은 여러 도전에 직면하고 있다. 과거에는 자연스러운 속성이 미의 기준이 되었지만, 오늘날에는 기준적 속성이 변화하며 미를 바라보는 관점 역시 달라졌다. 이제는 '미의 기준을 무엇으로 삼아야 할지', 혹은 그것을 외모, 패션, 몸매로 규정해야 할지에 대해 고민하기보다, 우리가 어떤 '분위기'를 풍기며 살아가야 할지를 더 깊이 성찰해야 할 때다.

우리는 왜 공허한가

07

훌쩍 떠나고 싶은
여행지는 어디인가

타지를 향한 현대인의 동경

○ ● ○

'현대인은 대체 왜 여행에 그토록 진심일까?'

일부 사람들은 자신의 이상적인 삶, 꿈꾸는 삶을 계획할 때 '여행'이 절대 빠질 수 없다고 말한다. 여행 스타일도 제각각이다. 누군가는 현지의 랜드마크를 돌아다니며 차에서 내려 사진만 찍고 금방 다른 곳으로 가는 여행을 좋아한다. 또 어떤 이는 고대 건축물과 인문학적 역사를 탐방하며 명승고적을 둘러보는 것을 선호하고, SNS에서 화제가 된 소위 핫플을 찾아다니며 인증 사진을 찍어 올리는 사람들도 있다.

이러한 현상들을 단순히 경제적인 효과로만 설명하는 것은 지나치게 단순화할 수 있다. 하지만 나는 이 현상들이 '현대인에게 여행이 왜 필요한가?'라는 근본적인 질문과 밀접하게 연결되어 있다고 생각한다. 만약 지금의 사회과학 연구에서 일반적으로 사용하는 방법으로 사람들에게 '왜 여행을 가시나요?'라고 묻는 설문조사를 진행한다면, 그 대답은 표면적인 '동기'에 관한 것들에 그칠 가능성이 크다. 따라서 이 문제를 깊이 이해하기 위해서는 현대인의 보편적인 생존 상태와 심리 구조를 들여다볼 필요가 있다.

텅 빈 마음을 채우려는 '도장 깨기' 식 여행

· · ·

이 책의 첫 장 제목이 '공허한 시대, 삶의 의미가 사라진 이유'다. 사실 이 문제를 다루는 핵심적인 질문은 '삶은 의미가 있는가?'라는 물음이 될 것이다. 현대 사회에서 살아가는 우리에게 여행은 이러한 삶의 의미를 '되찾는' 중요한 '출구' 역할을 한다.

"말하는 대로 떠나는 여행!", "세상은 넓고 갈 곳은 많다!", "살면서 꼭 가봐야 할 50군데!"

이러한 문구들은 여행사 광고나 항공권 프로모션, 호텔 특가 행사 등에서 자주 접할 수 있다. 그렇다, 세상은 넓다. 그런데 우리는 왜 그곳을 꼭 가봐야 할까? 단순히 호기심으로만 이 문제를 바라봐야 할까? 인생은 짧고, 시간은 순식간에 흘러간다. 그럼에도 불구하고 우리는 왜 그곳을 꼭 방문해야 하는 걸까? 그냥 집에서 쉬면 안 되는 걸까? 한 번뿐인 인생, 후회 없이 이 순간을 즐기자는 '욜로' 정신으로 풀어야 할 문제일까?

앞서 언급한 바와 같이 현대 사회를 살아가는 사람들은 종종 '의미'를 잊고, 그로 인해 정신적 위기를 겪게 된다. 이러한 위기의 근본적인 원인은 결국 '삶에 의미가 꼭 있어야 하는가?'라는 질문에서 비롯된다. 전통 사회와 달리, 현대를 살아가는 개인에게 이 '의미'는 종교적 신앙이나 군주에 대한 충성에서 비롯되지 않는다. 대신 일상 속에서 마르크스가 말한 '물신 숭배'나 인간의 '소외'가 드러나고, 베버가 말한 종교 개혁 이후의 '천직' 개념은 사라졌다. 그 결과, 현대의 개인은 자신의 삶에서 의미를 찾아야 하고, 그 의미에 따라 살아가며, 그 행동에 대한 책임을 져야 하는 유일한 존재가 되었다. 이러한 이유로 현대인은 끊임없는 긴장 속에서 살아간다.

앞서 여러 번 언급했듯이 현대 사회의 기본적인 논리는 '평등, 자유, 독립'에 있다. 이는 현대 문명 속 개인에 대한 일종의 '약속'이다. 그러나 동시에 현대인은 이 약속을 지키는 데 많은 어려움을 느낀다. 사람들은 자신이 자유롭고, 자유롭게 살아야 한다고 생각하지만, 현실에서는 그렇지 못하다는 불만을 품곤 한다. 대표적인 예로, 많은 사람이 자신의 시간을 늘 직장생활에 할애해야 하므로,

원하는 대로 삶을 살아가지 못한다고 느낀다.

결국 자신이 원하는 바와는 다른 상황에 놓여 있지만, 삶은 자꾸만 '내 삶의 주인은 나'라고 말한다. 이렇게 자아가 원하는 대로 인생을 이끌어가지 못하는 상황에서 사람들은 삶의 의미를 찾지 못하고 방황하게 된다.

삶의 의미란 무엇인가에 대한 모범 답안은 없다. 누군가는 살아간다는 것 자체가 의미 있다고 하고, 또 누군가는 처자식이 삶의 이유이자 의미라고 말한다. 사업적으로 성공하는 것이 삶의 의미라고 보는 사람도 있고 그저 '좋은 사람'으로 사는 게 인생의 목표인 사람도 있다. 이렇듯 현대 사회가 현대인에게 정해진 모범 답안이 없는 '열린 문제'를 제출하다 보니 사람들은 더 갈피를 잡지 못하고 헤맨다.

현대 사회는 기본적으로 표준화되고 프로세스화된 삶을 살아간다. 대다수 현대인의 삶은 패스트푸드처럼 맛보다는 열량을 채우는 데 초점이 맞춰져 있다. 당장 일을 해서 생계를 유지해야 하니 '가치'와 같은 건 뒷전이다. 치열한 경쟁, 빈번한 변화, 고강도의 삶으로 말미암아 현대인은 자꾸만 '나 자신'과 '의미' 따위를 잊는다. 하지만 어떻게 의미를 찾아야 하는지, 대체 의미는 무엇인지에 대한 답은 어디에도 없다.

이러한 생존 상태와 마음의 구조가 현대인 내면의 '디폴트'라고 한다면, 최근 '도장 깨기' 식의 여행 방식이 유행하는 이유를 어렵지 않게 이해할 수 있을 것이다. 당연히 어디로 여행을 가야 할지, 가서 뭘 해야 할지에 관한 모범 답안은 없다. 그런데 현대인에게는 정보를 획득할 엄청난 수단과 무기가 있다. 블로그나 각종 여행 애플리케이션, 영상에는 현지 맛집은 물론 꼭 가봐야 할 장소, 심지어 여행 루트까지 세세하게 올라와 있다. 기술과 자본의 힘으로 무분별하게 쏟아져 나오는 정보를 야금야금 씹어 먹다 보면 그곳에 가지 않으면 뭔가 시대에 뒤처진다고 생각한다.

그렇지만 SNS에 올라온 유명 맛집이나 여행지는 그저 트래픽, 조회 수가 낳은 결과일 뿐이다. 물론 자본과 기술, 정보를 활용해 '후미진 곳'까지 새로운 여행지로 재탄생시키는 현대인의 능력은 인정해야 한다. 요즘 관광지의 핵심은 그곳에 스토리가 있는지, 사진 찍기 좋은 곳인지, 조회 수가 많이 나올 수 있는 곳인지, 사람들의 마음을 끌어당길 무언가가 있는지가 핵심이다. 그런 의미에서 보면 SNS에서 유명한 핫플이 되려면 그 장소가 사회적으로나 역사적 의미가 있는지보다는, 길을 잃고 헤매는 현대인에게 얼마나 큰 매력이 있는지, 얼마나 다른 사람에게 주목받을 수 있는지, 그곳에 다녀온 걸 얼마나 많은 사람에게 자랑할 수 있는지가 관건이다.

그러니 여행을 떠나는 현대인에게 '세상은 넓고 갈 곳은 많다'

는 호기심은 수많은 동기 중 하나일 뿐이다. 그보다 인증샷을 찍고 SNS에 올리면서 "나도 와봤어. 이게 바로 의미지."라는 만족감을 느끼는 게 더 큰 목적일지 모른다. 그래서 불국사나 석굴암을 가도 그곳에 얽힌 문명이나 역사에는 흥미를 느끼지 못한 채, 모두가 똑같은 곳에 서서 사진을 찍고 그걸 SNS에 올려서 '좋아요'를 누르며 흥분하는 것이다.

그러나 이러한 현상을 단순히 '무지함'이나 '허영심'으로 치부할 수는 없다고 생각한다. 왜냐하면 '나도 와봤다'는 동작과 행위 자체로 그들의 마음에 어떤 의미가 생기기 때문이다. 이는 평소 물건을 구매할 때도 '구매'라는 행위 자체가 '물건' 그 자체보다 훨씬 큰 의미를 가지는 것과 같은 맥락이다.

그렇다면 여행지에서 사진을 찍고 그걸 SNS에 올리는 행위를 통해 느끼는 즐거움에는 어떤 기제가 작용하는 것일까? 인증샷을 SNS에 올린 다음부터 우리의 행복감과 만족감은 게시물에 달린 '좋아요' 수와 함께 덩달아 올라간다. 하지만 '좋아요'가 많지 않거나 멈춰 있으면 만족감도 서서히 사라진다. SNS에 게시물을 올려본 사람이라면, '좋아요'를 받아본 사람이라면 그 기분을 충분히 이해할 것이다.

대부분의 현대인은 여행을 자주적으로 결정한다. 따라서 여행

우리는 왜 공허한가

자체는 인생에서 잃어버린 의미를 채우기 위한 일종의 '충전물' 역할을 한다. 수많은 유형의 충전물을 선택할 때, 미디어 기술과 영리한 자본의 감각, 그리고 현대인의 공허함이 마치 테트리스 퍼즐 조각처럼 맞아떨어진다. 매번 명절이나 연휴 때마다 곳곳에서 인산인해를 이룬다는 소식을 텔레비전으로 접하는 것도 바로 그 때문이다. 그렇게 '된통 당하고' 온 사람들은 "내년에는 절대 어디 가지 않을 거야."라고 다짐하지만 또다시 연휴가 다가오면 이내 짐을 챙긴다.

여행이 비어 있는 마음을 채워주는 역할은 많은 사람에게 보편적으로 작용한다. 여행은 마치 거대한 바퀴처럼 현대 사회의 질서와 경제 사슬을 계속해서 움직이게 한다. 이 과정에서 좋고 나쁨을 따질 필요는 없다. 여행은 그저 현대 사회가 돌아가는 논리의 한 단면을 보여주는 것일 뿐이다.

유목민의 파라다이스

○ ● ○

앞서 '도장깨기' 식의 여행이 현대인의 존재 상태와 영혼 구조의 단면을 보여준다고 설명했다. 그렇다면 '현대인에게 여행이 필요한 이유'에 대해서는 아직 정확히 대답하지 않았다. 그런데 이 질문은 표현 방식을 조금 바꿔서 생각해 볼 수 있다.

"현대인은 왜 먼 곳으로 떠나고 싶어 하는가?"

인류는 항상 '먼 곳'을 동경하고 상상해왔다. 전통 사회에서는 고향이나 고향 사람에 대한 그리움을 시나 문학으로 표현하기도 했다. 그리고 그것을 일종의 '유토피아'로 그려내기도 했는데 도연명陶淵明의 『도화원기桃花源記』만큼 이를 잘 표현한 작품은 없을 것이다. 이 작품에서 묘사되는 '도원桃源'은 마음의 소란도, 전쟁도, 자연재해도 없는 곳으로, 세상 모든 이가 부러워할 만한 아름다운 전원 생활을 즐길 수 있는 공간이다. 그러나 이러한 무릉도원에 대한 묘사는 현대인이 그리는 이상향과는 다소 차이가 있다. 왜냐하면 그곳은 가족들의 온정으로 가득 차 있고, 대대손손 공동체를 이루어 세상을 등지고 사는 공간이기 때문이다. 이는 현대인의 삶의 방식과는 거리가 있다.

그렇다면 현대인이 왜 그렇게 '먼 곳'을 갈망하는 것일까? 모든 사람의 마음속에는 자신만의 '무릉도원'이 존재한다. 현대 사회를 이해하기 위해서는 '유목민'이라는 개념을 생각해 볼 필요가 있다. 현대인은 전통 사회의 '정착민'이 아니라, 산업 문명에서 말하는 표준화, 규격화, 프로세스화와 같은 생산적 특징을 넘어서, '높은 유

우리는 왜 공허한가

동성'을 지닌 존재로 살고 있다. 생산 능력의 발전은 유통 능력의 향상과 밀접하게 연결되어 있다. 제품이 팔려나가야 비로소 그 가치를 인정받듯, 사람도 일정한 장소나 틀에 갇히지 않고 자유롭게 이동하고 변화할 수 있다.

현대인은 전통 사회처럼 혈연이나 지연 같은 선천적 요소에 속박되지 않는다. 가업을 물려받지 않아도 되고, 부모가 정한 인연과 결혼하지 않아도 되며, 평생 한 곳에서만 살아야 한다는 규정도 없다. '정해진 나'로 살지 않아도 되는 세상이다. 산업의 발전, 도시와 농촌, 국가 간의 연결 강화, 그리고 교통 및 통신 기술의 발전 덕분에 현대인은 자기 자신을 실현할 수 있는 조건을 갖추었다. 그러나 아이러니하게도 기준과 프로세스, 계산이 가득한 현대 사회 속에서 우리는 내 삶의 주인으로 살아가고자 하는 욕망이 크지만, 정작 그렇게 살지 못하는 상황에 처해 있다.

현재 대부분의 사람은 어릴 때부터 정해진 기준과 절차에 따라 교육받고, 학교를 졸업한 뒤 도시에서 안정적인 직장에 취업하며 삶을 시작한다. 하지만 취업 후에도 성과 평가에 시달리고 높은 월세 부담을 짊어진 채, 때로는 결혼을 서두르라는 압박까지 받게 된다. 이렇게 현대인의 삶은 철저히 체계화된 프로세스를 따르게 된다. 이처럼 전통 시대의 군주 권력, 종교적 권위, 가부장적 권위에서 벗어났다고 해도 여전히 보이지 않는 시스템에 얽매여 있다. 이 시스템은 겉보기엔 개방적이고 평등하며, 전문적이고 명확한 절차와 구조를 가진 듯하다. 또한 그 안에 들어가면 다양한 인생 가능성을 제공받는 듯한 착각을 일으킨다.

하지만 그 거대한 현대 사회 시스템에 발을 들이는 순간, 막스 베버가 말한 '환멸의 삶'이 가져오는 공허함과 허탈함에 빠지게 된다. 그가 지적한 '환멸의 사회'는 종교의 세속화가 극심한 상태를 말한다. 현대인은 중세처럼 천국이나 사후세계를 상상하며 현생의 세속적 삶에 의미를 부여하지 않는다. 대신 그저 현생을 온전히 살아갈 뿐이다.

이러한 점에서 현대인에게 삶이란, 천국의 관념에서 벗어나 현생을 살아가는 과정이며, 점차 의미를 잃어가는 과정이다. 또한 자신의 세속적인 삶을 의미의 매개로 전환하려는 과정이기도 하다. 하지만 여기에는 거대한, 심지어 피해 갈 수 없는 것이 있다.

고등 동물인 인간은 언제나 무엇을 하든 의미를 찾으려 한다. 현대 세계는 자기 삶의 주인이 되는 방식으로 그 의미를 실현하라고 말한다. 하지만 현실에는 그런 의미를 자꾸만 사라지게 하는 요소들이 존재한다. 자꾸만 우리를 무기력하게 만드는 직장이나, 당장 먹고살아야 하는 생계에 대한 걱정과 부담 때문에 현대인은 어디에도 마음을 붙이지 못한다. 그렇다고 해서 세속생활을 과감하

우리는 왜 공허한가

게 떨쳐버리고 어디론가 완전하게 도피하는 것도 아니다. 그래서 아주 잠깐이라도 현실에서 벗어나 의미를 찾고자 하는 것이다.

흥미로운 점은 여행에 대한 열망이 나이와 세대를 초월해 나타난다는 것이다. 한때 은퇴한 노년층이 해외여행의 주력군으로 떠오르기도 했다. 50~60년대에 태어난 이들은 직장에서 은퇴하면서 시간의 제약에서 벗어났기 때문에 여행 계획에 얽매이지 않아도 된다. 그들은 개혁·개방이라는 현대화의 역사를 겪으며, 사상적으로는 80~90년대생들과 차이를 보이지만, '인생을 즐기자'는 태도를 비교적 자연스럽게 받아들인다. 또한 이 세대는 계획 경제 체제 등 복잡한 역사적 경험을 통해 박탈감이라는 심리를 공유한다. 삶에서 중요한 결정이나 선택을 자신의 의지대로 하지 못한 경험이 많았기 때문에, 은퇴 후 여행을 통해 '잃어버린 시간'을 되찾으려는 열망이 크다. 결과적으로 여행은 이들에게 단순한 여가 활동이 아니라 자신만의 삶을 주도적으로 결정하고, 인생의 의미를 되찾는 중요한 '숙제'가 되고 있다.

모든 사람은 거시적인 역사적 사건의 영향이든, 거대한 직업 시스템 때문이든, 공통적으로 '내 시간과 삶이 내 의지가 아닌 것에 점거당했다'는 생각을 공유한다. 이러한 점거와 통제에 대한 의식이 커질수록 사람들은 '먼 곳'에 대한 갈망을 키운다. 그 '먼 곳'이 실제로 멀지 않은 장소라 할지라도, 심지어 인위적으로 만들어진 공간이라 할지라도, 그곳은 이들에게 특별한 의미를 지닌다. 결국 현대인에게 여행은 단순한 이동 이상의 의미를 가지며, 마치 유목민이 꿈꾸는 이상향, 하나의 파라다이스와 같은 존재라고 할 수 있다.

'주변'이 없는 삶, 어디서 길을 잃었을까

○ ● ○

여행의 본질은 무엇일까? 단순히 아무 걱정 없이 돈을 쓰며 즐기는 여정일까, 아니면 시야를 넓히고 호기심을 채우는 여정일까? 어쩌면 여행이란, '내가 벗어나고픈 곳을 떠나 다른 누군가가 벗어나고픈 곳으로 가는 일'이라고 정의할 수 있을지도 모르겠다.

이번 장에서 다룰 여행과 관련해 우리가 간과한 한 가지 문제가 있다.

먼 곳으로 떠나는 여행이 현대인의 생존에서 없어서는 안 될 부분이라면, 우리가 머무는 '가까운 주변'은 어떤 의미를 지닐까? 대부분의 일상은 고정된 시간과 공간 안에서 이루어진다. 우리가 사는 아파트 단지, 도시, 일하는 회사 건물과 공장, 매일 다니는 출퇴근길, 그리고 주말마다 찾는 공원이나 쇼핑몰처럼 익숙한 공간들이다. 그렇다면 이러한 '주변'에서의 여행은 현대인에게 어떤 의미

우리는 왜 공허한가

를 제공할까?

　현대성의 특징으로 보면 현대인은 늘 '다른 곳에서 생활'하는 상태다. '다른 곳'이라는 건 조금 직설적으로 말하면 '남의 떡'을 선망한다는 말이다. 강도 높은 업무, 프로세스에 따라 이뤄지는 삶의 구조 속에서 대다수 현대인은 매일이 똑같은 하루 같다는 느낌을 받는다. 설령 내가 별로 좋아하지 않는 일이라고 해도 현실이라는 삶의 루틴이 우리의 일상을 통제하고 이끌어간다. 다람쥐 쳇바퀴 돌 듯 돌아가는 일상에서 '자아'를 마음껏 펼치지 못하는 우리는 '이건 내가 원하는 삶이 아니'라고 생각한다. 그 울림이 자꾸만 우리의 호기심과 탐구욕, 의미에 대한 갈망을 자극한다.

　우리가 생활하는 '주변'과 매일의 일상은 평범하고 때로는 지루해서 그것이 오히려 삶에서 자태를 감추거나 잊혀지기도 한다. 현대인에게 '주변'이란 물리적인 의미에서는 가까운 거리지만 정신적인 의미에서는 멀기만 하다. 매일 똑같이 반복되는 출퇴근의 일상, 그로 인해 나와 '주변'의 실질적인 관계를 세심하게 돌아볼 여유나 시간이 없다. 집은 그저 기능적인 가치를 지닐 뿐 정신적인 의미를 제공하지 않는다. 그래서 현대인에게 집은 그저 다음 목적지로 가기 위해 거쳐 가는 '중간 섬'이라는 느낌이다. 그래서인지 도시에서 젊은 시절을 고생하며 보낸 사람들이 종종 하는 말이 있다.

"나는 나중에 은퇴하고 저기 따뜻한 남쪽 도시에 가서 작은 집 짓고 여유롭게 살고 싶어." 이렇듯 '먼 곳'에 대한 동경은 있지만, 그에 비해 자신의 '주변'에 대한 애착은 없다.

미국의 소설가 잭 케루악은 시대를 앞서간 대표적인 인물로 꼽힌다. 그가 쓴 자전 소설 『길 위에서』에는 이런 대목이 등장한다.

"나는 새로운 부름을 받았고 새로운 지평선을 봤으며 젊은 나이에도 그것을 믿을 수 있었다. 나는 젊은 작가였고 날아오르고 싶었다. 따라가다 보면 어딘가에 여자, 미래, 그 모든 것이 있으리라는 사실을 난 알고 있었다. 따라가다 보면 어딘가에서 내게 진주가 건네질 것이다."[38]

길 위에, 혹은 다른 어딘가에 서 있는 것이 현대인의 보편적인 존재 상태라면, 여행은 그런 현대인에게 없어서는 안 될 '필수품'이라 할 수 있다. 현대인은 이 세계의 임시 거주자다. 마치 낯선 도시의 게스트하우스에 머물다 떠나는 여행자처럼, 우리는 이 세상에 잠시 머물다 가는 나그네다. 우리에겐 결국 돌아갈 곳이 있다.

우리는 왜 공허한가

08

집은 많지만
내 집은 없는 현실

집은 생산라인의 엔진이다

○ ● ○

인터넷, 연예계, 블록체인, 메타버스 등 여러 화제가 등장했지만, 부동산만큼 '만고의 불변'처럼 매해 등장하는 핫이슈는 없을 것이다.

'젊은이들은 집을 매입하는 게 나을까, 아니면 월세로 사는 게 나을까?', '결혼할 때 집이 꼭 있어야 할까? 월세로 시작하면 안 되는 걸까?', '꿈을 이루기 위해 대도시에서 월세로 사는 것보다 시골 도시에서 편안하게 인생을 누리며 사는 게 나을까?'

경제학계와 사회학계에서는 부동산, 토지 정책, 그리고 시골 지역의 재건축 문제에 대해 이미 많은 연구를 진행해 왔다. 그렇다면 이 책에서 우리가 다뤄야 할 문제는 무엇일까? 나는 '부동산'이라는 이 세 글자에 대해 토론하기보다는 일상적이고 통속적이면서 간결한 문제, 즉 '부동산은 우리에게 무슨 의미를 지니는가?'에 대해 함께 생각해 보고 싶었다.

이 문제를 조금 다르게 표현하자면 '집이 없는 인생은 실패한 인생일까?'가 될지도 모르겠다. 이 문제에 대한 조금 더 완벽한 답을 찾기 위해 우리는 여러 방면에서 질문을 '해부'해야 할 것 같다.

'왜 부동산은 과거 30년 동안 지속적으로 번창했을까?'

'왜 우리는 부동산에 대한 집념을 버리지 못하는 것일까?'

'집이 있다는 게 곧 인생의 행복과 성공을 뜻하는 걸까?'

독일 사회학자 게오르그 짐멜의 『돈의 철학』에는 다음과 같은 내용이 등장한다.

"현대인의 정신적 기질은 화폐에 각인되어 있다. 현대 사회의 중요한 논리와 선명한 특징은 화폐의 대대적 통용으로 인한 변화, 즉 화폐가 절대적인 수단에서 절대적인 목적으로 변질되었다는 점이다."[39]

쉽게 말하면 주택은 인류의 생활을 유지하기 위한 도구에 불과하지만, 현실에서는 많은 경우 인생의 '목적'이 되어버린다. 자기 명의의 집 한 채를 소유하기 위해 평생을 고군분투하는 사람들이 수없이 많다. 그러나 부동산의 본질을 완벽하게 설명하기 위해선 '상품화'와 '화폐화' 외에도 또 다른 특징을 고려해야 한다. 바로 '금융화'다.

부동산은 거의 모든 분야에서 '금융'과 불가분의 관계에 있다. 토지 매매, 건축 시공, 주택 분양, 부동산 거래 등 모든 과정은 금융을 주요한 수단으로 의존하고 있다. 또한 금융이라는 거대한 '추진력'이 있어야만 부동산의 '엔진 효과'가 제대로 실현될 수 있다.

부동산은 철근, 시멘트, 건축 자재, 가구, 인테리어 등 다운스트림 산업과 밀접하게 연결될 뿐만 아니라, 도로, 도시 경관, 여가 및 관광 등 다양한 산업 발전에도 영향을 미친다. 더 나아가 한 도시의 GDP 수준, 도시화 정도, 도시 정부 예산에도 직간접적으로 영향을 미친다. 결국 부동산과 관련 없는 산업을 찾는 것이 거의 불가능할 정도로 그 영향력은 방대하다. 높은 빌딩이 한 도시에 세워지면 그것은 도시에 부와 미래를 창출한다. 객관적으로는 일자리를 지속적으로 창출해 경제에 활력을 불어넣는다.

도구가 되어버린 현대인의 쉼터

○ ○ ○

'집이 없는 인생은 실패한 인생일까?'

아마 이 질문은 많은 사람에게 상처로 다가올지도 모르겠다. 이 문제는 늘 귓가에 맴돌면서 현대인의 인내력을 테스트하는 것 같다. 그러나 이 질문의 본질적인 문제는 사실 부동산과 집이 정말로 어떤 관계가 있는지에 대한 물음이 아닐까 싶다.

내 경험에 비추어 볼 때, 집이 없는 현대인은 자신의 삶을 실패로 여기는 경향이 있다. 본인 명의의 부동산이 없으면 삶이 불안정하고 불확실하게 느껴지며, 종종 지속적인 불안을 안고 살아가게 된다. 늘 집주인의 눈치를 살피거나 계약 만기 시점에 맞춰 이사할 곳을 찾아야 하는 현실은 큰 스트레스를 유발한다. 때로는 시기의 문제로 거주할 곳이 아예 없어지는 극단적인 상황에 처하기도 한다.

또한 집이 없다는 사실은 자녀의 교육 환경에까지 영향을 미치며, 사회적 평가에도 차이를 만들어 낸다. 어느 지역에, 어떤 집을 소유하고 있는지는 단순한 소비재나 사치품보다 그 사람의 사회적 위치를 훨씬 더 명확히 드러내는 요소로 작용하기 때문이다.

아마 집이 없는 사람들에게는 이 문제가 더 절절하게 다가올 것이다. 그런데 이러한 설명들이 과연 위 질문에 대한 답으로 충분할까? 맹자가 언급했던 '유항산자유항심有恒産者有恒心 (변함없는 재산이 있는 사람이라야 안정된 마음이 있다)'이나 익숙한 곳을 쉽사리 떠나려 하지 않는 중국인의 특성이 그 답이 될 수도 있겠다.

심리학자 매슬로우의 욕구 이론에 대입해 보면, 집은 인간의 가장 기본적인 욕구에 해당한다. 이 부분의 만족을 얻어야 상위 개념의 욕구에 대해 이야기할 수 있다. 그러나 익숙한 곳을 쉽사리 떠나지 않는 중국인의 특성으로 이해한다면 실질적으로 이것은 아주 추상적인 대답이 될 수 있다. 왜냐하면 이 대답의 전제가 되는 근원적인 문제는 "그러면 대체 '익숙한 곳'이란 무엇이며, '익숙한 곳'이 왜 하필 '땅'이 되어야 하는가?"처럼 질문이 꼬리에 꼬리를 물고 등장하기 때문이다.

개인적으로 현대 사회에서 부동산과 집의 관계는 다음과 같은 네 가지 유형으로 나뉜다고 생각한다. 첫째, 부동산도 있고 집도 있는 사람. 둘째, 부동산은 있지만 집은 없는 사람. 셋째, 부동산은 없지만 집은 있는 사람. 넷째, 부동산도 없고 집도 없는 사람.

이 네 개의 유형 가운데 제일 이해하기 쉬운 유형은 첫째, 부동산도 있고 집도 있는 사람과 넷째, 부동산도 없고 집도 없는 사람이다. 만일 우리가 행복감이라는 주관적인 심리 상태를 하나의 스펙트럼으로 간주한다면 부동산도 있고 집도 있는 첫 번째 유형과 부동산도 없고 집도 없는 네 번째 유형은 완전히 양극단에 위치할 것이다. 현대 사회에서 부동산과 집을 소유하고 있다는 것은 절대적인 의미에서 행복을 상징한다. 반면, 그렇지 않다는 것은 인생이 처참하고 비굴한 상황에 놓여 있음을 의미하기도 한다. 그리고 그

중간에 있는 두 유형은 왠지 경계가 모호하고 애매해서 이해하기가 어렵다.

부동산은 없지만 집은 있는 상태는 각종 미디어나 일상에서 자주 등장한다. 미디어에서는 '셋방살이도 행복할 수 있다!'와 같은 감동 가득한 스토리를 종종 내보낸다. 사실 현실 속에는 이런 이야기를 찾아보기 힘들지만, 어쨌든 이것은 개인마다 차이가 있는 것이고, 또 각자의 인생 스토리가 있는 것이므로 여기에서는 자세히 다루지 않으려고 한다.

우리가 이번에 중점적으로 살펴볼 이야기는 '부동산은 있지만 집은 없는' 조금 기이하면서도 매우 보편적인 문제에 관한 것이다. 부동산을 계약했다는 건 집이 생긴다는 말이다. 다시 말하면 '내 집 마련'의 전제는 곧 부동산 마련이다. 이건 이미 현대 사회를 살아가는 사람들이 암묵적으로 동의한 사실이다.

그런데 현실에서는 자기 명의의 부동산을 마련해 놓고 그걸 집이 아닌 '호텔'이나 '여관'처럼 사용하는 사람들이 많다. 현대인은 삶의 템포가 빠르고 일상에서 오는 스트레스가 많다. 대다수 사람의 삶은 프로세스화 되어있다. 부동산을 가졌든 아니든, 매일 빌딩숲으로 출퇴근하는 금융 종사자든, 체력을 사용하는 육체노동자든 전부 시스템 안에 있는 노동력이다. 배달 음식을 나르는 라이더들은 주문을 하나라도 더 받기 위해 애쓰고, 샐러리맨들은 KPI^Key Performance Indicator(핵심 성과 지표)를 잘 받기 위해 매일 야근을 한다. 대학생들은 학점을 잘 받기 위해 도서관을 떠나지 않고, 젊은 교수들은 논문을 쓰느라 탈모가 오기도 한다. 업계와 나이, 성별을 막론하고 모두가 미친 듯 경쟁하며 치열하게 살아간다.

그런데 가만히 생각해 보면 도시에서 평균 임금을 받는 사람이 매일 자기 집에서 보내는 시간이 과연 얼마나 될까? 그래도 대도시에 살며 출퇴근 시간을 아낄 수 있는 사람은 집에서 8시간 정도를 보낼 수 있으니 행복하다고 말할 수 있을까?

코로나19 발생 이전을 떠올리면, 각 지역의 고속철도역이나 공항은 매일 사람들로 북적였다. 여행객들은 저마다 캐리어를 들고 여행을 떠나거나 출장을 가기 위해 기차나 비행기에 몸을 싣는다. 이런 상황까지 모두 고려한다면 1년, 혹은 한 달 동안 자기 집에서 온전히 하루를 꽉 채워 보내는 시간이 얼마나 될까?

부동산 가격과 관련한 수많은 토론 가운데 중요한 지표가 되는 건 '수입/집값' 비율이다. 그런데 만일 가능하다면 나는 거기에 '집값/시간' 비율을 넣고 싶다. 여기에서의 시간은 매년 본인 명의의 집에서 거주하는 시간을 일컫는다. 만일 코로나19와 같은 특수한 변수를 제외하고 계산하면 우리는 현재 집값에 비해 가성비가 매우 낮은 구매 행위를 하고 있다는 걸 금세 깨달을 수 있다.

현대인은 '박탈'과 '침해'를 당하는 삶을 살고 있다. 이것은 마르크스가 얘기한 착취의 개념이 아니라 전방위적이면서 본질적인 의미의 박탈이다. 또한 생산 구조에서 매우 열세에 있다. 고용주는 사용인의 노동력을 무자비하게 착취하고, 시간과 에너지 역시 온전한 자기 것이 아니다. 지친 몸을 이끌고 직장에서 돌아와도 집에서는 누군가의 잔소리를 들어야 하거나 게임에만 열중하는 자녀나 배우자를 보며 한숨을 쉬어야 한다. 아니면 자녀의 숙제를 봐주거나 밀린 빨래와 집안일을 해야 한다. 직장생활 하나만으로도 힘든데 이렇게 할 일이 많으니, 현대인은 지칠 수밖에 없다.

현대인의 삶은 사실상 '전쟁'과 같다. 따라서 이 전쟁에서 가족 관계는 협력 관계이거나 전우 관계처럼 밀접한 유대가 필요하다. 하지만 그중에 '민폐 가족'이 끼어 있으면 협력의 물꼬가 틀어지고, 자연스레 긴장 상태에 빠지게 된다.

이런 모든 것이 '집'에 대한 가장 본질적인 것들을 갉아먹는 요소이다. 현대인이 인정해야 하는 한 가지 잔혹한 사실은, 우리는 시시각각으로 '집은 있지만 집이 없는 상태'에 빠진다는 점이다. 이건 그 집이 자가든, 셋방이든 상관없다. 하지만 이러한 현상은 결국 핵심적이면서 근원적인 질문에 직면하게 한다.

"과연, 집이란 무엇일까?"

우리가 짊어진 시대의 짐, 집

○ ● ○

  '집'에 대한 사람들의 이해와 생각은 제각각이다. 이는 사회학 연구자들에겐 이론적으로 매우 익숙한 개념이다. '가정'은 인류 사회의 가장 보편적인 집단 유형이기 때문이다. 그 어떤 가정 사회학 책이나 사회학 개념론 교과서를 펼쳐 봐도 '가정은 사회의 가장 기초적인 세포'라는 설명이 나와 있다. 그러나 나는 개인적으로 '집'이 실제 사회에서 의미하는 바는 교과서에 나오는 설명보다 훨씬 더 풍부하고 다채롭다고 생각한다.

  통상적으로 '집'과 '가정'은 두 가지 의미로 해석된다. 하나는 '혈연 관계'이고, 다른 하나는 '재산'이다. 이 두 요소는 전통 사회와 현대 사회를 막론하고 '집'을 이해하는 중요한 기준이다. 그러나 우리는 혈연도, 재산도 아닌 단지 '집'이라는 글자만의 표면적인 의미에 집중하려 한다. 사실 집이란, 오랜 시간 함께 생활하는 공간이자 삶을 나누고 체험하는 장소였으며, 그 안에서 습관이나 윤리, 감정이 공유되는 곳이었다.

  첸무의 『국사대강』의 첫머리에는 "자국의 과거사를 조금이라도 아는 자는 특히 그 역사에 따스한 온정과 경의를 표한다."[40]라는 말이 나온다. 비록 이것은 역사에 대한 얘기지만, '온정'과 '경의'라는 어휘는 우리가 집의 형태와 그와 관련한 일련의 문제를 이해할 때 큰 도움이 된다.

'온정과 경의란 무엇일까? 온정은 어디에 있을까? 경의는 어디에서 오는 걸까?'

사실 이 두 단어를 이해하는 건 어렵지 않다. 대다수 사람에게 집이란 온정이 넘치는 곳이다. 그건 단지 부모가 우리에게 생물학적인 생명을 부여해 주어서가 아니라, 내가 나의 가정, 나의 고향에서 상당히 긴 시간을 함께 생활하며 쌓은 경험과 추억이 있어서다. 물론 그 경험에는 아픔과 미움, 원망과 사랑이 섞여 있지만, 그렇다고 해서 그것이 집과 가족에 대한 따뜻한 기억과 마음을 끊어낼 수는 없다.

'온정'이라는 기초가 단단하면, '경의'는 자연스럽게 생겨난다. 여기서 말하는 경의란 겉으로만 하는 공경이나 형식적인 복종이 아닌 내면에서 우러나오는 진실한 감정이다.

간단한 예를 들어 보자. 인터넷에서 '모교란?'이라는 질문에 대해 베스트 댓글로 뽑힌 글이 있었다.

"모교란, 나는 욕해도 되지만 남은 욕하면 안 되는 그런 곳이다."

집도 이와 비슷하다. 우리는 집에 무조건적으로 복종하지도 않지만, 그렇다고 근거 없이 비난하거나 함부로 흉보지도 않는다. 이것이 온정과 경의에 대한 보편적인 이해다. 물론 집은 이런 온정만을 내포하지 않는다.

전통 사회에서 집의 본질은 바로 '윤리'였다. 윤리란 쉽게 말해 사람과 사람 간의 관계를 뜻한다. 순수한 지식적 관점에서 보면 사회 속에서 윤리의 본체는 '가정'이었다. 부모를 사랑하고 공경하며 형제간의 우애를 지키는 것이 우선이었다. 이런 유가의 전통 윤리가 지금은 '봉건적 가부장제'처럼 보일 수도 있지만, 이것은 사람과 사람 간의 관계에 대한 가르침이었다.

윤리는 '사서오경四書五經'을 통해 서면화되어, 사람들이 일상에서 공동으로 지켜야 할 생활 규범으로 자리 잡았다. 이러한 규범은 단순히 입으로 외치는 것이 아니라, 개인의 삶에 자연스럽게 스며든 습관이 되기도 했다.

우리가 말하는 '집'은 단지 재산, 혈연, 유전자적 측면만을 의미하지 않는다. 집은 함께 생활한 사람들, 그리고 함께 생활한 지역에서 오는 일종의 귀속감을 포함한다. 이 귀속감은 다소 추상적이고 모호하게 느껴질 수 있지만, 그것은 함께 보낸 '경험'에서 비롯된 것이다. 그리고 그 경험을 기반으로 형성된 습관, 윤리, 감정을 모두 포괄하는 개념이다.

이러한 요소들이 각 개인의 삶에 깊이 새겨지고, 세대를 넘어 역사의 층위 속에 차곡차곡 쌓이며 생명을 이어간다. 결국 일상에 새겨진 이 습관은 집과 관련된 우리의 생각과 감정, 그리고 일종의 집념으로 이어진다. 이는 마치 우리의 뼈와 피에 녹아들어 삶에 스며드는 과정과 같다. 바로 이것이 집의 본질이라고 할 수 있다.

높은 유동성과 이질성, 시스템화된 현대 사회 속에서 우리의 삶을 위협하는 것은 아파트 대출금이 아니다. 나와 집의 연관성이 깨지고 있다는 점이며, 이것이 집에 대한 우리의 생각과 이해를 방해한다는 점이다.

현대 사회는 고도의 유동성과 이질성을 보이는 사회이기 때문에 자연스럽게 '외부성'이라는 특징을 보인다. 여기서 말하는 외부성이란 현대를 살아가는 개인이 각종 외부적 관계에 의존해 타인과의 질서를 형성하는 것을 일컫는다. 그것이 법률이든 계약이든 모두 외부적 관계에 해당하며 사람들은 이를 기반으로 타인의 행위를 판단하고 재단한다.

하지만 사실 사람의 내면이나 도덕 수준, 감정 등은 이러한 외부적 기제를 근거로 판단할 수 있는 것이 아니다. 다시 말해, 법은 주로 행위를 근거로 판단을 내리고 행위 이면의 심층적인 동기의 문제를 가려내지만, 궁극적인 의미에서 그 동기를 검증해 낼 수 없기 때문에 참고용으로만 사용한다. 이것이 바로 '외부성'이다.

현실적으로 인류가 질서를 유지하는 많은 영역은 '법'을 넘어선 영역에 존재한다. 예를 들어, "공정하고 청렴한 관리도 집안일은 처리하기 어렵다."라는 속담이 있다. 여기서 '처리'란 단순한 문제

해결이 아니라, 감정과 가치, 윤리 등으로 얽힌 집안의 복잡한 내부적 요소들을 조율하고 이해하는 것을 뜻한다. 집이란 따뜻함과 인정이 넘치는 곳이기에 외부인이 이를 판단하거나 개입하기 어려운 것이다.

그러나 현대에 들어서면서 법률이 가정생활에 깊이 개입하게 되었고, 부부의 혼인 문제나 부모와 자식 간 재산 상속 문제와 같은 일들이 법적 판정의 범위로 들어오게 되었다. 이는 현대 사회가 이룬 '진보'로 볼 수도 있지만, 재산 상속을 둘러싸고 가족 간에 법적 다툼이 벌어지는 사례를 떠올려보면 씁쓸함을 느끼지 않을 수 없다. 형제자매가 부모가 물려준 재산을 조금이라도 더 가지기 위해 법정에서 다투는 모습은 가정이 지녔던 윤리적 온정과 집의 본래 의미가 와해되고 있다는 것을 보여준다.

또 다른 의미에서 현대 사회의 시공간적 변화는 개인을 어느 곳에도 발붙이지 못하는 '부유 상태'로 몰아넣고 있다. 나와 집의 관계, 내가 실제로 사는 물리적인 집과의 관계, 나아가 아파트 단지와 도시 사이의 관계마저도 모두 이러한 부유 상태에 머물러 있는 것이다.

인류는 사회 속에서 귀속감을 느끼며 살아가야 하는 존재다. 이러한 윤리적 관계를 형성하려면 필연적으로 시간이 필요하다. 시간은 공동의 습관을 만들어주고, 그 습관에서 감정과 윤리가 탄생한다.

그러나 오늘날 대부분의 현대인에게 '시간'은 1분 1초도 허투루 쓸 수 없는 귀중한 자원이며, 혼자만의 시간은 그 중에서도 '희귀템'으로 간주된다. 이런 맥락에서 우리가 일상적으로 만나는 사람이나 매일 거주하는 집조차 순수한 관계를 형성하거나 내재적 가치를 만들어내는 데 한계가 있다. 결국 현대 사회에서 집은 단순히 기능적 공간으로 변질되고, 사람들과의 관계는 일회적 만남으로 치환되는 경향을 보인다.

이런 배경 속에서 우리는 부동산과 집을 논할 때 현대 사회가 직면한 시대적 과제를 분명히 마주하게 된다. 그것은 바로, "어떻게 해야 진정한 의미의 '집'을 다시 세울 수 있을까?"라는 질문에 대한 답을 찾는 일이다.

우리는 왜 공허한가

09

상아탑, 교육산업이
가공업으로 변한 이유

아름답고도 잔인한 오해에 관하여

○ ● ○

대학교수가 된 후, 나는 다음 두 가지 오해 때문에 심란한 순간이 많았다. 먼저 대학교수는 비교적 '널널하다'는 오해다. 이는 강의실에 계속 앉아 있을 필요도 없고, 수업이 끝나면 연구실로 돌아가 시간을 자유롭게 쓸 수 있다는 인식 때문이다. '참 부러운 직업이다'라는 이야기를 종종 듣는다. 두 번째는 대학교수의 수업이 비교적 '편하다'는 오해다. 중·고등학교처럼 입시 부담이 없는 만큼, 마음 편히 강의하면 되는 직업이라는 것이다. 이 두 가지는 사람들이 대학교수라는 직업을 바라볼 때 흔히 갖게 되는 오해다.

우선 첫 번째 오해에 대해 이야기해 보자. 물론 대학교수는 강의실에 상주할 필요가 없다. 수업이 끝나면 집으로 돌아갈 수 있다. 일반적으로 교수의 한 학기 강의 시간은 많게는 4, 5교시, 적으면 1, 2교시 정도다. 드물게 없는 학기도 있다. 이를 보면, 오전 9시에 출근해 밤 9시에 퇴근하고 주 6일을 근무하는 직업과 비교하면 마치 '천국'처럼 보일 수도 있다. 하지만 이 부분에서 꼭 나누고 싶은 이야기가 하나 있다.

2021년 6월 7일, 동부의 한 대학교에서 젊은 교수가 대학원장을 칼로 찌르는 사건이 발생해 큰 논란을 일으켰다. 이 사건은 대학의 승진 제도, 특히 진급에서 누락된 경우 사직서를 제출해야 하는 제도와 관련된 논란을 촉발시켰다. 중국 일부 대학에서는 젊은 교수들이 계약 기간 동안 강의, 논문 발표, 연구 과제 수행, 행정 업무 등을 모두 해내야 승진하거나 고용을 유지할 수 있다. 실패 시 바로 퇴출된다. 이번 비극 역시 이러한 과도한 요구와 스트레스가 원인으로 지목됐다.

대학교수라는 직업이 널널하다는 오해는 사실과 거리가 멀다. 특히 중국의 대학 체제에서는 교실 밖에서도 끊임없이 작업 모드에 있어야 하며, 항상 논문과 KPI 달성에 매달릴 수밖에 없는 현실이다.

두 번째로, 대학교수들이 수업을 편하게 한다는 오해가 있다. 학생들이 입시 부담에서 자유롭다는 이유로, 교수 역시 대충 수업을 진행해도 된다는 생각에서 비롯된 것이다. 그러나 이 오해가 사실이 아님을 이해하려면, 교수들을 대상으로 하는 '지식 테스트' 같은 간단한 시도만으로도 확인할 수 있다.

요즘 중국 사회에서 유행하는 '네이쥐안內卷'이라는 단어가 이와 연결되는 흥미로운 사례다. 원래 '네이쥐안'은 '내재적 발전Involution'이라는 학술 용어로, 특정 목표 안에서 지나치게 치열한 경쟁이 벌어져 극심한 상향평준화를 초래하는 현상을 의미한다. 그런데 이 단어는 최근 중국 사회에서 과잉 경쟁을 풍자하는 유행어로 자리 잡았다.

그 배경은 2021년, 한 명문대 학생의 사진이 인터넷에 퍼지면서 시작되었다. 사진 속 학생은 자전거를 타며 핸들에 태블릿 PC를 매달아 PPT 자료를 보며 이동하고 있었다. 이 장면이 공개된 이후, '네이쥐안'이라는 단어는 과도한 경쟁의 상징으로 주목받기 시작했다.

누군가는 "그 정도로 열심히 공부하는 건 좋은 거 아닌가?"라고 말할 수도 있다. 하지만 이 사진이 주목받은 이유는 단순히 주인공의 노력 때문이 아니다. 이는 곧, "공부란 무엇인가?"라는 철학적 질문을 던지며 현대 교육의 본질과 과잉 경쟁의 문제를 생각하게 했기 때문이다.

취업난이 갈수록 심화되면서 대학생들은 좋은 학점을 받아 화려한 이력서를 작성하기 위해 치열한 경쟁에 내몰리고 있다. 졸업 후 대학원에 진학하는 학생도 적지 않아, 2022년에는 대학 졸업생 중 457만 명이 대학원에 진학했지만, 이들의 취업률은 25%에도 미치지 못했다. 이렇게 극심한 경쟁이 바로 '네이쥐'이라는 개념을 낳은 배경이다.

"대학생들이 경쟁을 의식하며 미래를 준비하고 열심히 공부해 좋은 학점을 받는 건 긍정적인 거 아니냐?"는 의견도 있을 수 있다. 하지만 이는 현실을 간과한 단순한 시각이다. 수능이라는 외로운 관문을 넘어 대학교에 입학한 청년들은 취업률이 높은 학과나 실용적인 전공을 선택하지만, 정작 자신과 맞지 않는 전공을 선택했음을 깨닫는 경우가 많다.

대학교육은 학원 교육과 유사한 면이 있다. 공부를 하면 할수록 흥미가 사라진다는 점이 대표적이다. 이는 모든 학습이 '실용성'과 '확률론'에 기초하고 있기 때문이다. 학습이 호기심과 알고 싶은 욕구에 뿌리를 둔다면, '네이쥐' 속에서 경쟁하는 대학생들은 학점을 위한 '도구'로 전락하고 있다.

학문의 본질은 진정한 문제를 탐구하고 답을 제시하는 데 있지만, 지금은 논문 발표량과 학술지 게재 횟수라는 척도에 따라 경쟁하는 '오징어 게임'이 되어버렸다. 이런 상황을 단순히 '이익'과 '실용성'의 관점에서만 볼 수 없다. 더 근본적인 문제는 오늘날의 대학과 교육 산업이 이미 가공업의 특징을 지니고 있다는 점이다.

기괴하고 잔혹한 대학의 현실

○ ● ○

교육과 가공업은 겉보기엔 전혀 어울리지 않을 것 같지만, 대학과 교육 시스템을 들여다보면 이 두 분야의 공통점을 쉽게 발견할 수 있다.

대학생의 캠퍼스 생활을 보자. 대학에 입학하면 학생들은 '양성 방안'을 받는다. 이 방안에는 졸업 요건이 명시되어 있다. 필수·선택 과목 수강, 실습, 논문 작성, 시험, 졸업 논문까지 모든 과정이 포함된다. 이 모든 걸 성공적으로 완수해야 졸업생으로 인정받고, 취업 시장에서 기회를 얻는다.

그렇다면 상위 3%나 5%에 드는 우수 졸업생이 된다는 건 무슨 뜻일까? 이는 좁아지는 기회를 먼저 잡기 위해 타인과의 경쟁에서 앞서가는 것을 의미한다. 학생이 경쟁에 내몰리는 이 구조는 교수에게도 유사하게 작용한다. 교수는 임용 계약과 동시에 정해진 강의 수, 논문 발표, 연구 과제, 행정 업무 등 수많은 조건을 충족해야 한다. 결국 학생과 교수 모두 오랜 시간 동안 '숫자 경쟁'을 펼치고 있는 것이다.

그렇다면 왜 이런 구조가 만들어졌을까? 현재 대학에서 가장 중요한 두 가지는 입학생 모집과 교직원 채용이다. 수능이 끝나면 학교들은 우수한 학생을 모으기 위해 치열한 경쟁을 벌인다. 왜 우수한 학생을 확보하려 할까? 이는 마치 공장에서 품질 좋은 원료를 찾는 것과 같은 이치다. 좋은 원료가 있어야 더 좋은 제품(졸업생)을 생산할 가능성이 높고, 이는 곧 높은 취업률과 명성을 가져오기 때문이다.

이러한 구조는 교수를 채용하는 과정에도 적용된다. 대학과 학과 간 경쟁이 심화되면서, 교수는 사실상 또 하나의 '원료'가 되었다. 명문대 출신, 연구 실적, 업무 능력 등 채용 기준은 '원료'를 구분하고 가격을 매기는 방식과 같다. 요구 조건을 모두 충족하면 '합격품'으로, 기대를 초과 달성하면 '우수 상품'으로 인정받는다. 반면, 조건을 달성하지 못하면 시스템에서 탈락하게 된다.

이러한 가공업적 특징을 가진 대학 구조는 왜 만들어졌을까? 그리고 이로 인해 나타나는 의도하지 않은 결과와 영향은 무엇일까? 이는 현대 교육 시스템이 직면한 중요한 질문이다.

우리는 왜 공허한가

비의도적인 결과가 낳은 교육기관 현장

○ ● ○

이 현상의 원인은 단순히 이익 추구와 효율화로만 해석하기 어렵다. 이는 현대 사회의 복잡한 특징과 밀접하게 연결된 결과다.

현대 사회의 특징을 이해하기 위해 막스 베버는 인간의 행위를 두 가지로 분류했다. 하나는 도구적 이성으로, 효율성과 유용성을 기준으로 '비용/수익'에 맞는 행동을 선택한다. 다른 하나는 가치적 이성으로, 행동이 내재한 가치를 중시해 비용을 따지지 않고 이를 실행한다. 예를 들어, 어떤 학생이 유용성을 기준으로 인기 전공을 선택했지만, 자신의 적성과 맞지 않음을 깨달았을 때 좋아하는 비인기 학과로 전과하려 한다면, 쉽게 결정을 내릴 수 있을까? 이와 마찬가지로 연구자가 자신의 흥미에 따라 학문적 주제를 선택하고 논문을 쓸 수 있을까? 논문 수와 같은 정량적 지표를 무시할 수 있을까? 이러한 질문은 현대 교육의 제도적 경향 뒤에 숨은 본질적 문제를 탐구하게 한다.

또 다른 사회학의 거장, 프랑스 사회학자 에밀 뒤르켐이 쓴 『사회분업론』에는 다음과 같은 설명이 나온다.

"인류가 전통 사회에서 현대 사회로 진입하며 겪은 가장 큰 변화는 전체 사회 영역의 직업 분업화가 세밀화되었다는 점이다. 사회 분업 시스템은 나날이 복잡해지고 직업의 종류도 갈수록 다양해지고 있다. 여기에서 전문성에 대한 사회의 요구는 점차 거세지고 있다. 이러한 직업 분업 시스템을 바탕으로 형성된 사회의 연계 방식을 '유기적 결합'이라고 한다."[41]

'유기적 결합' 사회에서 인류는 직업으로 생계를 유지하고 생명을 보호해야 한다. 이에 따라 '밥 벌어먹을 재주'를 키우는 것이 현대인의 중요한 과제가 되었다. 현대 고등교육은 고대 대학이나 학원이 도덕성과 선량함 같은 품격을 가르쳤던 것과 달리, 전문 기능을 지닌 인재 양성을 핵심으로 삼는다. 대학의 학술 연구 역시 '유용성'과 '실용성'을 주요 평가 기준으로 삼게 되었다.

공립이든 사립이든 학교는 자원이 필요하다. 대학 시스템에서는 '취업률'과 '학술 연구 성과의 전환율'이 자원을 쟁탈하는 주요 기준이 되었고, 특히 사립학교에서는 이 두 지표가 자원을 '흡수'하고 '생산'하는 핵심 지표로 자리 잡았다. 이런 관점에서 대학이 가공업의 특징을 지니게 된 것은 쉽게 이해할 수 있다.

그런데 우리가 한 가지 간과하고 있는 문제는 현대 사회는 개인에게 평등성을 보장해야 한다는 점이다. 이것은 현대 사회의 중요한 특징 중 하나다. 그렇지만 중요한 건 이러한 약속이 실질적으로는 기회의 평등이라는 의미에서만 보장되고 있다는 점이다.

우리는 왜 공허한가

모든 사람은 태어날 때부터 스스로 결정할 수 없는 선천적인 차이를 지닌다. 누군가는 태어날 때부터 똑똑하지만 누군가는 그렇지 않고, 누군가는 부유한 가정에서 태어나지만 누군가는 가난한 집에서 태어난다. 현대 사회는 이러한 선천적 차이를 메워주기 위해 교육의 기능을 특별히 강조한다. 왜냐하면 교육이야말로 출신의 불평등을 해결할 가장 효과적이면서도 중요한 기제라고 보기 때문이다.[42] 점점 더 많은 사람이 열심히 공부해서 본인의 운명을 바꾸려다 보니 교육 시스템 속에서의 '네이쥘' 현상이 갈수록 심해지는 것이다. 결국 '네이쥘' 현상은 '유용성'을 강조한 탓에 생겨난 사회 문제라고 볼 수 있다.

가공업의 특징을 지닌 대학 시스템은 그렇게 일련의 비의도적인 결과들이 한데 뒤섞인 가운데 휘황찬란한 겉옷을 걸친 채로 떳떳하게 우리 사회에 등장했다.

우리가 풀어야 할 시대적 과제

○ ● ○

카를 마르크스가 제시한 '인간의 소외화'는 현대인에 대한 그의 통찰력이 돋보이는 개념이다. 그의 주장에 따르면 우리는 현대 사회 교육 시스템에서 엄청난 소외화가 일어나고 있다는 걸 발견할 수 있다. 학생은 학점을 좇아 공부하고 그것으로 확률을 잡으려 한다. 학자는 논문 발표를 좇으면서 승진을 꾀한다. 학교는 수치를 좇아가고 그로써 자원을 확보하려고 한다. 이러한 모든 과정이 마르크스가 얘기한 인간 소외화와 일치한다.

그런데 이러한 현상은 대학을 비롯한 교육 산업뿐만 아니라 많은 업계에서 보편적으로 존재한다. 사람이 '사물'로 변질된 것은 본질적으로 현대 사회 교육 체제에서 '인재'가 '사람'보다 더 우선적인 위치에 있다는 뜻이다. 그렇다면 한번 생각해 보자. 대학 교육에서 '사람'을 양성하는 것이 더 중요할까, 아니면 '인재'를 양성하는 것이 더 중요할까?

인재는 사람을 시스템의 한 부품처럼 유용성을 지녀야 한다고 강조하지만, 사람은 '고등 동물'로서 온전하게 존재해야 한다. 전자는 쉽게 이해할 수 있지만, 후자는 다소 이해하기 어렵다.

온전함이란 무엇일까? 이는 인간이 지닌 도덕, 가치, 감정, 이념, 취미 등을 총칭하는 개념이다. 다시 말해, 사회적 동물로서 타인을 이해하고, 타인과 어울리며, 자기와 화해하는 능력을 지닌 인간을 의미한다. 또한 건강하게 성공을 이해하고 적절하게 실패를 수용하는 품성도 포함된다. 그러나 이러한 가치들은 경쟁적인 시험이나 선발 기제를 통해 실현되지 않는다.

그런데 현대 교육 시스템에서는 인재를 설계하고 양성할 때 단순히 유용성이라는 잣대로만 사람을 판단하려 한다. 사실 이는 현대 사회가 직면한 가장 큰 위기 중 하나다.

현대 문명은 기술 혁명과 산업화의 과정에서 탄생했으며, 그 핵심은 규격화, 시스템화, 측량 가능화, 대량 생산화, 효율 극대화에 있다. 산업화의 논리는 강력한 복제성을 지니는데, 이는 이익을 추구하고 손해는 피하려는 인간의 본성, 즉 '비용/수익'을 추구하는 이성인의 본성에 부합한다. 하지만 이러한 산업화의 논리가 영역을 가리지 않고 무작위로 확대되면 심각한 문제가 발생한다.

산업 사회에서는 상품이 기준에 부합하지 않으면 생산 과정의 문제를 '추적 검사'를 통해 밝혀낸다. 그런데 이러한 논리를 교육에 그대로 적용할 수 있을까? 교육을 인재를 생산하는 하나의 프로세스로 본다면, 예를 들어 법을 어기고 형을 사는 사람들을 대상으로 '추적 검사'를 할 수 있을까? 그들이 대학, 중·고등학교, 초등학교, 심지어 유치원에서 수업을 잘 받지 않아서 범죄를 저지른 것일까? 졸업생이 상품으로서 존재한다고 해도, 이들의 과정에서 정확하게 '하자'를 구별하는 것은 불가능하다. 왜냐하면 사람은 물건이 아니기 때문이다. 사람은 감정과 성격을 지닌 존재로, 공부만 하는 기계가 아니다. 본인의 전공이나 일에 흥미를 잃은 사람은 학생이든 교사든 공부하는 척 연기하고, 연구하는 척 연기하는 '연극'에 빠져 사는 셈이다.

막스 베버는 『프로테스탄트 윤리와 자본주의 정신』의 말미에서 '영혼이 없는 전문가, 가슴이 없는 쾌락주의자'[43]라는 슬픈 탄식을 내뱉는다. 그의 이 탄식은 특정 인물을 향한 비판이라기보다는 현대 문명이 처한 현실에 대한 예언이다. 여기서 '전문가'는 현대 사회의 모든 사람을 은유적으로 묘사한 것으로 볼 수 있으며, '영혼이 없다'는 표현은 인간 본연의 온전성과 감정을 잃고, 점점 유용성만 남겨진 상황을 묘사한 것이다. 베버는 현대 문명이 결국 '도구적 이성의 새장'에 갇히게 될 것이라고 경고하며, 이로써 인간은 기능적으로만 존재하게 될 위험성을 예고한 셈이다.

현대 대학이 조금씩 죽음을 향해 걸어가고 있는 것일까? 이 문제에 관한 정답을 나는 알지 못한다. 하지만 베버가 죽은 뒤 100년이 지난 지금, 우리는 여전히 그가 지적한 문제에 직면해 있다고 느낀다. 어떻게 교육을 가공업에서 벗어나게 할 것인가? 이것은 명확한 해답이 있는 문제가 아니다. 하지만 인간의 온전성을 되찾기 위해 현대인은 용감하게 발을 내디뎌야 할 것이다.

우리는 왜 공허한가

3장
—

존재의 가벼움,
관계의 무거움

10

필요와 욕망 사이,
소비가 묻는 질문

누가, 어디에서 쏘아대는 화살일까

· ● ·

2022년 여름, '아이스크림 자객'이라는 뜻의 '쉐까오츠커雪糕刺客'라는 표현이 인터넷에서 큰 화제를 모았다. 무더운 여름날, 더위에 지친 소비자는 시원함을 찾아 마트 냉장고에서 아이스크림을 꺼낸다. 그런데 마트에서는 가격을 표시하지 않은 채 다양한 아이스크림을 무작위로 쌓아 놓고 판매한다. 소비자는 계산대에서야 아이스크림 한 개의 가격이 몇천 원에서 몇만 원에 달한다는 사실에 깜짝 놀라지만, 이미 바코드가 찍힌 이상 어쩔 수 없이 비용을 지불하게 된다.

'자객'이라는 단어는 원래 무기를 사용해 목표물을 암살하는 사람을 뜻한다. 이 단어를 차용해 만든 '쉐까오츠커'는 고가의 아이스크림을 평범한 포장으로 위장해 저가 제품과 섞어놓고, 소비자가 아무런 의심 없이 집었다가 계산할 때 예상치 못한 치명타를 경험하게 되는 상황을 풍자한 표현이다. 이러한 관행은 소비자의 심리를 이용한 비도덕적인 상술로, 많은 사람의 공감을 얻으며 유행어로 자리 잡았다. 이것이 유행어가 된 이유는 아이스크림이 그만큼의 값어치를 하지 않는다는 생각이 들어서기도 하지만 우리가 학창 시절 배웠던 '상품 가격이 가치에서 멀어지면, 그 상품의 가치가 가격에 진실하게 반영되지 않는다'는 정치경제학의 원리 때문이다.

요즘은 일상에서 가격이 가치와 동떨어진 사례를 흔히 볼 수 있다. 대도시의 지나치게 비싼 집값, 과장된 마케팅으로 가격이 부풀려진 건강보조식품 등이 대표적이다. 이처럼 '쉐까오츠커'가 인터넷 유행어 중에서도 특별히 주목받은 이유는 대중의 일상과 밀접하게 연관된 소비재를 다루고 있다는 점이다. 이러한 소비재는 소득 수준에 관계없이 누구나 구입해야 하는 필수품으로, 아이스크림은 그 대표적인 사례로 사람들에게 더 큰 공감을 불러일으켰다.

이 유행어가 사회적 '밈'으로 떠오르자 소비 전문가들과 관리 당국은 발 빠르게 대응에 나섰다. 2022년 7월 1일, 국가 시장 관리감독 총국은 '표준 가격 명시 및 허위 가격 금지 규정'을 발표하며, 소비자에게 불리하거나 속이는 행위를 법적으로 제재하겠다고 밝혔다. 네티즌들은 이러한 조치를 환영하며, 쉐까오츠커와 같은 비도 덕적인 상술이 시장에서 사라질 것이라는 기대감을 드러냈다.

　이번 장을 시작하며 이 예화를 든 이유는 이와 비슷한 현상이 현대 사회 곳곳에서 빈번히 일어나기 때문이다. 이러한 현상 뒤에는 현대 사회의 독특한 특성과 기본적인 운영 논리가 숨어 있다.

　현대 사회에서 소비는 삶의 중심축을 이루고 있다. 우리는 '외모 경제', '실버 경제', '자녀 경제' 등 '경제'라는 단어가 붙기만 하면 하나의 산업으로 자리 잡고 자본을 끌어모으는 시대를 살고 있다. 최근 몇 년간 중국에서는 '헤이티HEYTEA'나 '차옌웨써茶顔悦色'와 같은 밀크티 브랜드가 선풍적인 인기를 끌면서 우후죽순으로 가게가 생겨났다. 이러한 '신소비'는 간편하면서도 감각적인 소비 트렌드를 반영하며 많은 사랑을 받았다. 이는 브랜드 자체의 마케팅 전략과 더불어 다양한 메뉴, 감각적인 포장 디자인의 효과도 컸다. 여기에 더해 SNS와 영상 플랫폼을 통해 자주 노출되면서 사람들의 호기심과 구매 욕구를 강하게 자극했다.

　소위 '○○ 경제'란 특정 산업과 신흥 제품들이 많은 이에게 사랑받고, 그 판매율이 보장된다는 전제를 바탕으로 한다. 예를 들어, '외모 경제'는 사람들이 자신의 외모와 몸매를 위해 기꺼이 돈을 지출하는 현상을 말하며, '실버 경제'는 노년층을 겨냥해 관련

상품을 개발하고 소비를 촉진하는 개념이다. 현재 도시의 노인들은 소비 능력이 있고 소비 욕구 또한 강해, 약간의 불안을 자극하면 손쉽게 지출을 유도할 수 있다. '자녀 경제'는 '자녀를 사랑하는 부모'나 '아이들의 미래를 위한 투자', 심지어 '남의 자식에게 질 수 없다'는 슬로건을 내세워 부모의 본능을 자극하며 소비를 촉진하는 것이다.

카를 마르크스의 『자본론』은 현대 자본주의 사회의 비밀을 파헤친 '경제 바이블'로 자본가는 생산 자재를 장악하고 노동자의 '잉여 가치'를 착취한다고 설명한다. 하지만 현대 사회에서는 생산보다 소비의 중요성이 더 강조된다. 그렇다면 생산과 소비의 역할이 바뀐 것일까? 이러한 변화는 물건을 구매하는 행위가 일상의 중심이 되었음을 의미한다. 이는 20년 전만 해도 중국에서는 상상할 수 없는 일이었다. 당시에는 절약과 저축이 주된 선택이었기 때문이다. 그렇다면 이러한 변화는 어떻게 일어나게 된 것일까?

사회가 '생산'에서 '소비'로 중심축을 이동하면 세대 간 소비에 대한 가치관의 차이가 두드러지게 나타난다. 각 세대는 소비에 대해 서로 다른 태도와 관점을 가지며, 이런 차이는 일상 속에서도 쉽게 확인할 수 있다. 예를 들어, 80년대에 태어난 나의 구매 행위를 우리 부모님은 종종 이해하지 못하곤 한다.

우리는 왜 공허한가

그렇다면 '소비주의'가 일상 곳곳에 스며든 사회에서는 어떤 일이 벌어질까? 소비 주도형 사회에서는 마케팅 기제를 기반으로 한 강력한 '네이줸'이 형성될 수 있다. 우리는 전자상거래 플랫폼 성장과 쇼핑 축제, '라이브커머스'를 경험했다. 다양한 상품, 다양한 방송이 스마트폰 화면을 가득 메우고, 판매 시즌이 다가오면 각종 복잡한 할인 계산법이 등장한다. 이러한 방식은 나이 든 노년층에게 올림피아드 수학 문제만큼이나 어렵게 느껴질 정도다. 또한 사람들은 여전히 혼란스러워한다. 왜 이렇게 삶이 힘든지, 물건을 사는 일이 왜 이토록 복잡한지, 이 모든 혼란이 도대체 어디서 비롯된 것인지, 누가 숨어서 화살을 쏘아대는 것인지 알지 못한 채 말이다.

'소비' 사회 속에서 살아가는 우리를 힘들게 하는 일은 이뿐만이 아니다. 2022년 방영된 「토크쇼 대회」에 출연자 치우루이가 한 말은 인상적이었다.

"이번 시즌의 주제는 '딱 5분만 행복하기'입니다. 그 방법을 알고 싶다면 시청자는 최소한 이어지는 6분 정도의 광고를 참아야 해요. 그 광고를 기다리는 시간은 너무 지루하게 느껴지죠. 그런데 이상하죠. 사람들이 라이브커머스 방송은 그렇게 열중해서 봐요. 사실 그것도 결국 광고잖아요. 상품을 광고해서 파는 거잖아요. 그런데 우리는 그걸 3시간, 5시간을 봐도 지루하다고 느끼지 않아요. 그렇게 생각하면 우리는 광고를 5시간이나 내리 보면서 사는 거예요."

각종 광고로 넘쳐나는 애플리케이션을 사용할 때면 짜증이 밀려온다. 그러면서도 '광고'가 유일한 콘텐츠인 라이브커머스 방송은 집중해서 시청한다. 왜 그럴까? 사람들의 소비를 자극해 주머니를 열게 하려는 수단은 둘 다 똑같은데 말이다. 이는 '소비'라는 주제가 만들어낸 마케팅 기제와 연관이 있기 때문이다. 이 모든 질문과 의문을 통해, 나는 여러분이 소비주의와 소비 사회에 대해 깊이 성찰하고 고민할 수 있기를 바란다.

생산과 소비, 현대 사회의 이란성 쌍둥이

○ ● ○

앞서 언급했듯이, 현대 사회의 도래와 함께 정치 철학과 가치관에 세대 교체가 일어났고, 산업 기술의 발전으로 인류의 생산 능력은 획기적으로 향상되었다. 전통적인 시대에서 인류의 가장 큰 걱정은 소비에서 비롯된 문제가 아니었다. 오히려 낮은 생산성으로 인해 발생하는 보편적인 부족 현상이 문제였다.

미국의 인류학자 제임스 C. 스콧은 경제학자 토니의 말을 빌려 프리 모던사회에 살아가는 사람들의 생존 상황에 대해 "일부 농촌 지역의 인구는 오랫동안 목물 깊이의 물속에 서 있는 것과 같은 상황이다. 조금만 수위가 오르면 그대로 물속에 잠겨 숨이 끊어질 위기에 놓여있다."라고 묘사했다.[44]

전통 사회에서 땅을 밟고 하늘을 등에 업고 살아가던 농민의 삶은 불확실성으로 가득했다. 그해 기후가 좋아 풍년을 맞이해도 다른 잠재적인 위험 요소와 불확실성을 마주해야만 했다. 땅을 옮겨가며 살았던 유목민에게도 가장 큰 걱정거리는 부족한 생산력과 불확실성이었다. 그렇기 때문에 기술의 진보와 산업의 발전으로 이뤄진 생산력의 확대는 인류에게 전례 없는 '수익'을 가져다주었다. 이것은 풍부한 물질이 인류의 삶을 개선하고 복지 수준을 증대할 수 있다는 의미였다.

그러나 1929년에 폭발한 자본주의 사회의 위기는 행복에 대한 동경을 안고 현대로 진입한 인류의 뒤통수에 주먹을 날렸다. 이 위기는 생산 부족으로 인한 것이 아닌 생산 '과잉'으로 벌어진 현상이었다. 자본을 가진 자와 생산자는 팔지 못한 잉여 제품을 낭비하는 일이 있다 하더라도 그것을 굶주림에 시달리는 가난한 사람들에게 나눠주지 않았다.

이런 의미에서 현대 사회를 분석한 마르크스의 통찰력을 엿볼 수 있다. 『자본론』은 물론 심오한 사상과 훌륭한 필력이 돋보이는 세기의 명작이지만 그 내용은 생각만큼 이해하기 쉽지 않다. 마르크스가 『자본론』에서 지적하는 핵심 문제를 매우 간단하게 요약하면, 바로 현대 사회의 '생산-소비' 기제다. 그는 '현대 자본주의의 사슬과 산업의 생산 고리에서 전문 노동에 종사하는 노동자들은 생산 원료를 점유하지 못해 그저 신체를 이용한 노동 능력만을 가질 뿐'이라고 지적했다.

그런데 진정한 위기는 상품을 생산하는 사람이 현실에서는 그 상품을 구매할 능력이 없는 경우가 허다하다는 점이다. 가령 생산 라인에서 아이폰을 제조하는 보통의 노동자들은 아이폰을 구매할 능력이 없다. 건설 현장에서 하루 종일 자재를 나르며 집을 짓는 사람들 대부분은 그 집을 구매할 능력이 없다. 그래서 마르크스는 '생산'에 포커스를 맞추었다. 그는 생산 자재 점유와 전체 생산 과정을 설명하며 잉여 가치가 착취당하는 원인을 폭로했다.

그래서 많은 사람이 마르크스의 작품을 읽고 해석할 때, 가장 먼저 떠올리는 것이 바로 '생산'이라는 두 글자이다. 즉, 그들은 현대 사회의 '생산 관계와 생산력'에 집중한다. 마르크스는 현대 사회의 비밀을 논할 때 소비 문제에 대해서는 언급하지 않았다. 왜냐하면 그는 현대 사회의 핵심이 생산 방식이나 제품을 풍부하게 만드는 것에 있는 것이 아니라, 생산된 제품을 판매하여 이윤을 창출하는 데 있다고 생각했기 때문이다. 그는 상품이 팔리지 않으면 아무런 의미가 없다는 점을 강조했다.

이와 같은 맥락에서 상품을 생산하는 사람은 반드시 자신의 제품에 대한 시장 수요를 정확히 파악해야 한다. 다양한 기업들이 경쟁하는 시장 속에서 생산자는 자신만의 가격 결정 전략과 판매 전략, 그리고 마케팅 수단을 세워야 한다. 그 이유로 기업 내에서 리테일 부서가 생산 부서 못지않게 중요한 역할을 하기 때문이다. 신문, 텔레비전, 인터넷 등 대중 매체의 급속한 발전으로, 기업은 이들 도구를 어떻게 활용해 고객을 확보하고 브랜드 인지도를 높일수 있을지, 또한 잠재 고객을 어떻게 유도하여 실제 소비로 이어지게 할지에 대한 고민이 커지고 있다.

이러한 복잡한 과정에서 생산자가 능력을 보완하지 못하는 경우, 광고업이라는 새로운 산업이 등장한 이유이기도 하다. 제품은 생산자에게 이익을 안겨줄 뿐만 아니라 소비자에게도 중요한 의미가 있다. 소비를 통해 생활의 필요를 충족시키고, 사회적 지위를 나타내며, 개인적인 가치를 표현하기 때문이다.

이런 이유로 마르크스는 '물신교'[45]라는 말로 소비와 상품에 점철된 현대인의 모습을 묘사하기도 했다. 전통 사회는 인류의 세속적인 생활을 종교의 형태로 규정하려 했다. 그러나 현대 사회에 들어선 후 베버는 '탈신성화'로, 니체는 '신은 죽었다'는 말로 세속화된 인류 사회를 표현했고, 마르크스는 상품이 현대 사회에서 실질적인 '종교' 역할을 하며, 현대인의 일상을 지배하고 대중 매체를 형성한다고 지적했다. 그는 '소비를 위해 제품을 생산하는' 현대인의 '닫힌 순환' 구조를 날카롭게 비판하며, 이 현상이 어떻게 현대 사회를 정의 짓고 있는지를 명료하게 보여주었다.

현대 국가에서 '생산-소비'는 떼려야 뗄 수 없는 공생 관계를 형성한다. 독일 사회학자 엘리아스는 현대 국가의 기원을 분석하면서 "현대 국가는 비정치적인 논리에 의해 탄생했다."라고 주장했다. 그는 생산 방식과 교통수단의 발전으로 무역의 범위와 강도가 점차 확대되었고, 이로 인해 현대 국가는 경제 무역 활동을 통해 이윤을 창출하고 있다고 설명한다. 따라서 국가의 재정 수입은 국가의 능력을 판별하는 중요한 요소가 되었다. 이는 국가가 자국의 경제와 무역 상황을 명확하게 이해하고 이성적으로 계산하는 능력을 반드시 갖추어야 한다는 의미다. 국가 내 경제 순환이든, 국가 간 무역이든 풍부한 생산 능력과 넓은 판로가 필요하다. 이런 측면에서 소비 수준의 높낮이, 소비에 대한 의지는 단순히 개인과 사회의 문제가 아니라 현대 국가의 근본적인 운명과 직결된다.

'생산-소비'는 현대 사회가 만들어낸 불가분의 관계이다. 이 두 요소는 서로 긴밀히 연결되어 의존하면서, 다채로운 세계를 창조하고 다양한 우리가 형성되는 근본적인 구조를 이루고 있다.

느린 혁명이 가져온 결핍과 풍요

○ ● ○

인류가 아무리 똑똑하다고 해도 유한한 이성을 지닌 동물이라는 걸 인정해야 한다. 가끔 인생은 매우 길고 어쩌면 무한히 살 수 있을 거라는 생각이 들기도 하지만 길고 긴 역사 속에서, 드넓은 우주 속에서 개인의 인생은 하나의 점에 지나지 않는다. 그래서 더 넓은 시야로 전 세계의 현대화 과정을 살펴보면 생산 주도형에서 소비 주도형으로 전환하는 데 수백 년의 시간이 걸렸다는 사실을 깨닫는다. 그러나 현대화 국가의 후발주자로서 중국은 단 몇십 년 만에 그 과정을 이룩했다. 어쩌면 나와 비슷한 경험을 했던 사람이 있을지도 모르겠다. 한동안 나는 스마트폰을 바꾸고도 부모님 집에 갈 때는 원래 쓰던 스마트폰을 들고 갔다. 부모님의 '영혼의 심문'을 견딜 자신이 없었기 때문이다.

"스마트폰 바꿨니? 원래 쓰던 건 고장 난 거야? 멀쩡하다고? 근데 왜 바꿨어? 아휴, 요즘 젊은 사람들이 이렇다니까. 아끼는 법을 몰라요. 돈이 생기면 그냥 쓸 줄만 알지."

이런 얘기를 하는 이유는 내가 얼마나 힘든지, 우리 부모님이 얼마나 고리타분한지 말하려는 게 아니라 나와 부모님 세대의 소비관과 소비 행위에 차이가 있음을 얘기하려는 것이다. 이것은 추상적인 의미의 관념이나 생각의 문제가 아니라, 서로 다른 역사적 시대와 공간 속에 살았기 때문에 나타나는 현상이다.

80년대생들의 부모 세대는 대부분 50년대 혹은 60년대에 태어난 이들이다. 이들은 삶 속에서 오랜 시간 동안 수동적인 '소비 억제'를 경험했다. 수동적인 소비 억제 상태라고 말하는 이유는 이것이 구체적인 사회의 역사가 만들어낸 결과였기 때문이다.

중국의 현대화는 후발주자로서 시작이 늦었고 많은 제약을 받았다. 혁명적 시기를 거쳐 공화국이 성립된 후, 중국은 자원 부족과 낙후된 기술 속에서 중공업에 자원을 집중해야 했다. 고강도 계획 경제 체제 아래, 경공업은 상대적으로 소홀히 다뤄졌고, 농산물 가격 통제 등으로 기본 식량 수요는 보장되었지만 시장 기제는 억제되었다. 90년대에는 거의 모든 가정에서 비슷한 침대, 세숫대야, 밥통을 사용했다. 이는 공급이 단조롭고, 정부가 자원을 효율적으로 분배하기 위한 공급제로 운영되었기 때문이다. 이 시기의 '절약', '저축', 그리고 '소박함'이라는 가치관은 부모 세대의 소비 관념을 형성하는 데 중요한 역할을 했다.

1978년 개혁 개방이 시작되면서 전체 중국 사회에는 격렬하면서도 거대한 변화가 일어났다. 경제와 사회의 빠른 발전, 국민 생활 수준의 향상 외에도 아주 중대한 변화가 일어났는데 그것은 바로 '조용한 소비 혁명'이었다. 쉽게 말해 과거의 억제 소비 상태에

우리는 왜 공허한가

서 소비를 장려하는 상태로 전환한 것이다. 왕닝^{王寧}은 이 혁명을 '고행자의 사회에서 소비자의 사회로 전환'했다고 묘사했다.[46]

이러한 변화는 개인의 소비 의지 강화, 소비 대상 확대의 영향도 있었지만, 다음과 같은 두 가지 심층적인 의미를 내포하고 있었다.

먼저 이것은 국가의 전체적인 의식 형태와 제도에 변화가 생겼음을 의미한다. 의식적인 부분에서는 과거에 강조하던 근검절약, 소박함이 여전히 이어지긴 했지만, 사람들에게 더 좋은, 더 나은 생활을 누리도록 격려했고 삶의 수준과 질을 높이도록 장려했다. 이러한 분위기가 소비를 자극하고 부추기는 작용을 했다. 제도적인 측면에서는 사회주의 시장경제의 탄생으로 경제에 활력을 불어넣었고 생산자의 능력을 자극했으며, 소비자의 수입 수준이 제고되면서 실제적인 소비 동력이 크게 강화되었다.

이 '조용한 혁명'은 또 다른 측면에서 관념의 혁신을 의미했다. 오랫동안 동양과 서양 모두에서 소비는 억제된 상태였다. 거의 모든 종교는 욕망과 탐심 등 인간의 연약함에 맞서려 했다. 그러나 인간의 욕망과 탐심은 대개 사치, 낭비, 무절제한 소비로 실현된다. 베버의 『프로테스탄트 윤리와 자본주의 정신』이 학술적 이정표가 된 이유는 종교 개혁을 거친 청교도들이 세속적인 삶에서 일하고 부를 축적하는 것을 더 이상 탐심과 허영의 표현으로 보지 않고, 이를 신의 천직을 수행하고 신의 영광을 드러내는 일로 여겼다

는 점을 날카롭게 지적했기 때문이다.[47]

이러한 사고의 변화는 이윤을 추구하는 자본주의 사회의 윤리적 기초를 마련했으며, 개인이 부를 축적하는 행위는 '악한 인간의 본성'이라는 오래된 관념에서 벗어나게 되었다. 이 관점에서 볼 때, 이 조용한 혁명의 핵심은 물질문명과 정신문명이 일상 속에서 동등하게 중요한 역할을 하도록 기반을 마련한 것이다. 물질문명은 우리의 의식주와 교통 등 생활 수준에서 구체적으로 나타났고, 생활 수준의 향상을 위해서는 소비 수준의 향상이 필수적이었다.

소비주의로 점철된 현대 사회의 민낯

○ ● ○

"오늘날 우리 주변에는 끊임없이 증가하는 물질과 서비스, 물질적 부로 이루어진 소비와 풍요가 존재한다. 이는 인간의 생태 환경에 근본적인 변화를 일으켰다. 다시 말해, 부유한 사람들은 이제 과거처럼 인간 중심이 아닌 물건들에 둘러싸여 살고 있다. 상승하는 통계 곡선에서 볼 수 있듯이, 복잡한 가정 구성과 수십 개의 기술적 도구들, '도시 동산動産'에 이르기까지, 통신 기기와 직업 활동에서부터 광고 속 물질적 찬양에 이르기까지, 매스미디어와 미성년자들이 숭배하는 놀이 속 숨겨진 수백만 개의 정보에서부터 모두가 잠든 밤에 방영되는 심리극이나 추리물까지, 우리의 일상 속 거래는 더 이상 사람들 간의 단순한 상호작용이 아니라 부와 정보를 수용하고 통제하는 과정으로 변했다."[48]

위의 글은 장 보드리야르의 『소비의 사회』 첫머리에 등장하는 대목이다. 그는 현대인이 '물질'에 둘러싸인 세계에서 살아가게 될 것임을 예견했다. 이 세계의 가장 큰 비밀과 동력은 이러한 물질이 인간에게 '소비 에너지'를 제공하고 소비 욕망을 자극한다는 점이다. 더 치명적인 것은 대중 미디어의 발달과 번영으로 이러한 물욕과 소비욕이 인간의 삶에 깊이 침투했다는 점이다. 물질에 대한 욕망은 우리의 일상 곳곳에 파고들었고, 인간의 수요와 본성을 기반으로 우리의 몸에 '들러붙어' 삶을 지배하고 있으며, '소비주의'의 형태로 현대 사회에 존재하게 되었다.

통상적으로 세상에서 가장 바꾸기 어려운 게 사람의 마음과 생각이라고 말한다. 정보가 폭발하는 시대에 사는 우리는 새로운 책 한 권, 새로운 텔레비전 프로그램, 혹은 새로운 친구를 만나며 새로운 관점을 접할 때 한차례 충격을 받는다. 하지만 아무리 충격을 크게 받는다고 해도 습관이나 행동이 그 순간부터 바로 바뀌지는 않는다. 이런 의미에서 보면 소비주의는 매우 강력한 힘을 지녔다. 사람들의 생각을 바꿔놓았을 뿐 아니라 일상의 습관까지 새롭게 만들어내고 있기 때문이다. 그렇다면 이러한 소비주의의 핵심은 무엇일까?

80년대와 90년대생들은 소비 관념에서 부모 세대와의 세대 차이를 크게 느낀다. 이것은 표면적으로는 진보와 보수, 낭비와 절제의 차이지만 더 깊이 들어가면 그것은 '포커스'의 차이임을 알 수 있다. 부모 세대는 물건을 구매할 때 주로 '물건'에 포커스를 둔다. 생활에 꼭 필요한 것들 위주로 구매하기 때문이다. 집에 쌀이 떨어지면 사야 하고, 옷이 해지면 새로 산다. 스마트폰이나 컴퓨터가 완전히 고장 나야 새것으로 바꾼다. 도저히 사용할 수 없을 때 새로운 물건을 장만하므로 구매는 생활에 반드시 필요한 것을 바탕으로 생겨나는 필요 행위다.

하지만 현재를 살아가는 많은 사람이 '구매'에 포커스를 맞춘다. 다시 말하면 구매라는 행위 자체를 통해 일종의 자기 만족감을 느끼는 것이다. 이로써 소비 자체가 일종의 습관과 본능으로 변해버렸기 때문에 뭘 샀는지, 그 물건이 쓸모가 있는지는 그리 중요하지 않다.

각종 플랫폼에서 결제를 진행하고 나면 우리의 욕망과 즐거움을 나타내는 그래프는 '주문-발송-배송-도착-택배 확인'의 과정을 따라 최고치에 올랐다가 내려오는 곡선 모양을 그린다. 택배 상

우리는 왜 공허한가

자를 받아 박스를 열어볼 때 구매 행위의 즐거움은 최고치에 달한다. 하지만 포장을 뜯은 뒤에 그 물건을 계속 사용하리라는 보장은 없다. 어쩌면 며칠 쓰다가 방 한구석에 처박아 놓고 잊어버릴지도 모른다. 이것이 소비주의가 우리에게 가져온 가장 큰 변화다. 다시 말해, 구매 자체가 일종의 욕망과 본능이 되어버린 것이다.

소비주의가 현대 개인에게 미치는 영향은 이뿐만이 아니다. 구체적으로는 '물질주의, 쾌락주의, 점유주의'와 같은 세 가지 방면에서 드러난다.

소비주의가 만연한 사회에서 사람들은 물질에 둘러싸여 살아가는 '물질주의'다. 삶의 거의 모든 활동이 물질을 둘러싸고 벌어진다고 해도 과언이 아니다. 어떻게 하면 부를 생산하고 축적할지, 어떻게 하면 축적한 부로 또 다른 소비를 할지 생각한다. 재정에 구속이나 속박되지 않고 마음껏 누리는 삶을 사는 '재정적 자유'는 현대인이 꿈꾸는 삶의 모습이기도 하다.

그뿐만이 아니다. 현대인은 자기 자신을 소비 가능한 대상으로 만들기 위해 노력한다. 교육의 생산 라인에서 우위를 점하려 무한한 네이쥰의 굴레에 빠지기도 한다. 가장 직접적인 목적은 취업 시장에서 더 경쟁력 있는 자원이 되기 위해서다. 실제로 이것은 마르크스가 제시한 '소외화' 개념의 또 다른 표현 방식이기도 하다. 물질이 핵심이 되는 사회에서는 사람과 사람의 교제와 활동 역시 물질 중심으로 처리된다.

소비주의가 가져온 두 번째 전형적인 특징은 '쾌락주의'다. 여기에서 말하는 쾌락주의는 먹고 마시며 즐기는 그런 종류의 것이 아니라 일종의 '보편화된 삶의 상태'를 일컫는다. 현대인이 보기에 직업의 가장 중요한 기능은 직업을 통해 더 나은 삶을 사는 것이다. 소비는 더 나은 삶을 사는 중요한 표현 방식이다. 그것은 현재의 물질적인 측면에서 드러날 뿐 아니라 현대성이 현대인에게 한 약속, '자유'에서도 드러난다. 다시 말해, 어떤 소비 수준을 갖추고 어떠한 삶의 즐거움을 누릴 것인지, 그것을 위해 얼마를 쓸 것인지에 대한 자유가 모두 소비를 중심으로 이뤄진다. 이런 점에서 쾌락주의는 한층 더 깊은 의미를 내포하고 있다.

현대인은 종종 일을 하는 이유를 '먹고살기 위해서'라고 생각한다. 이는 일을 통해 돈을 버는 것이 세속적인 의미로 자리 잡았기 때문이다. 그러나 '일하기 위해 사는' 삶의 방식은 쉽게 이해되지 않는다. 이런 논리는 이미 그 존재의 정당성을 잃어버린 듯하다. 하지만 우리는 지금도 자신이 종사하는 직업의 신성성을 삶의 의미로 여기고 살아가는 사람들이 있다는 점을 간과해서는 안 된다. 소비주의의 확산과 물질화 세계의 만연화로 나타난 쾌락주의는 실질적으로 세상에 존재하는 다양한 가능성에 대한 상상을 억압하고 통제하고 있다.

소비주의가 지닌 세 번째 특징은 '점유주의'다. 쉽게 말하면 현대인은 독립과 자유, 평등의 가치를 추구한다. 그런데 이로 인한 비의도적인 결과는 사람과 사람 간의 경계가 점점 강화되고 있다는 점이다. 현대인은 특별히 개인의 영역을 침범해서는 안 된다는 점을 강조한다. 이것은 삶의 여러 방면에서 잘 드러나는데 '내 삶의 주인은 바로 나'라는 인식이나 결혼, 직업을 스스로 선택하는 행위들이 전형적인 예에 해당한다. 그런데 물질에 둘러싸인 상태에서 살다 보니 어떤 물건이 '내 것'인지 명확히 구분 지으려는 특성이 매우 강해졌다. 크게는 부동산에서부터 작게는 스마트폰과 같은 것이다. 이것은 실제 물건일 수도 있고 가상의 것일 수도 있다. 가상의 공간에서든 현실 세계에서든 '점유'에 대한 현대인의 욕구는 전례 없이 커져 가고 있다. 소비는 상품이 넘쳐나는 풍요로운 세계에서 가장 직접적이면서 합법적으로 점유를 실현하는 방법이다.

지금까지 우리는 소비 사회와 소비주의의 논리에 대해 살펴보았다. 그러나 현실은 종종 이론을 뛰어넘어 더욱 극적인 양상으로 펼쳐진다. 이론적인 논리는 현실 속에서 다양한 '기술적 지원'을 받아 더욱 정교하고 강력한 형태로 나타난다.

특히 매년 찾아오는 판촉 시즌이 되면, 일종의 새로운 '물신교'가 현실 세계에서 모습을 드러낸다. 프랑스 사회학자 뒤르켐이 원시 부족의 종교의식과 토테미즘을 묘사하면서 언급했던 집단 의식처럼, 현대 사회에서도 비슷한 형태의 집단적 환희가 발생한다. 사람들은 폭발적인 구매 열기를 보이며, 브랜드가 준비한 행사 상품들이 빠르게 매진되는 과정을 목격한다. 마침내 완판이라는 목표가 달성되고, 그 순간 '완판의 종'이 울리면 사람들은 공동체적 쾌감과 환희를 느끼며 특별한 만족감을 얻는다.

지금의 소비 프로세스는 최초의 판촉 절기에 등장했던 기제들보다 훨씬 복잡해졌으며, 시간이 갈수록 진화를 거듭하고 있다. 최근 물신교의 성격을 지닌 집단적 토테미즘이 잘 드러나는 공간이 바로 라이브커머스다. 라이브커머스가 이토록 사회적인 반향을 일으킨 이유는 숏폼이라는 기술적 가세에 힘입어 그/그녀가 강력한 전파 능력과 파급력을 지니게 되었기 때문이다.

이러한 효과는 매우 구체적이고 개인적인 방식으로 드러나는데, 대표적인 것이 개인 IP와 영상 조회 수다. 개인적으로 높은 조회 수와 구독자를 보유한 인플루언서들은 이제 하나의 '부호'가 되어 개개인의 머리에 각인되고, 나아가 소비 세상에서 집단적 환희를 계속해서 만들어내고 있다고 생각한다.

앤서니 갈루쪼는『소비자 제조: 소비주의 세계사』에서 소비에 대해 이렇게 묘사했다.

"시장은 상품을 소비자가 자신을 정의하고 드러내는 핵심적인 도구로 만든다. 이로써 상품에 대한 사람들의 갈증을 계속해서 자극한다. 현대화, 도시화, 대중화의 사회에서 상품은 모든 것의 중심이자 사람들이 추구하는 대상이다. 현대 사회에서 개인의 신분은 상속받은 것도, 규정할 수 있는 것도 아니다. 그래서 사람들은 소비를 통해 자신의 신분을 '발명'해낸다."[49]

그의 해석에 나의 작은 견해를 덧붙이자면, "기술과 기제, 동력이 충분한 현대 사회는 소비품을 만들어내는 동시에 소비자를 제조하고 있다." 소비자와 소비품은 서로 인과 관계를 이루며, 서로를 제조해 나가는 것이다. 어쩌면 이것이 소비 사회의 진정한 운영 논리일지도 모른다. 소비자와 상품은 단순히 교환되는 대상이 아니라 서로를 필요로 하고, 계속해서 서로를 형성하는 관계 속에서 성장한다.

11

고령화 사회,
당신의 부모를 얼마나 알고 있는가

이미 시작한, 곧 다가올 미래

○ ● ○

국제적으로 통용되는 인구학 규칙에 따르면, 65세 인구가 총인구에서 차지하는 비중이 7%를 넘어설 경우 고령화 사회에 진입했다고 본다. 이 비율이 14%에 달하면 심각한 고령화 사회로 간주하고 20% 이상이면 초고령화 사회로 인정한다.

고령화 사회라는 단어가 낯선 표현은 아니지만 상대적으로 요원하게 느껴지긴 한다. 그러나 우리의 경험적 감각과 이성적 인지 사이에는 늘 편차가 존재한다. 중국은 65세 이상 노인 인구가 2000년에 이미 7%에 달해 일찍이 고령화 사회에 진입했다.

「중국 제7차 전국 인구 조사 데이터」에 따르면, 2020년까지 중국의 60세 이상 인구는 26,402만 명으로 전국 총인구의 18.7%를 차지했다. 그중 65세 이상 인구가 19,064명으로 13.5%에 달했다.[50] 국제 사회가 공인한 14%의 고령화 사회 비중과 얼마 차이 나지 않는다. 중국의 최근 출산율과 인구 성장률을 감안하면 얼마 지나지 않아 초고령화 사회에 진입하게 될 것이다.

인구 조사 결과에 따르면, 2010~2020년 중국 인구의 평균 성장률은 0.53%로 지난 10년 대비 0.04%p 하락했다. '겨우?'라고 생각하면 오산이다. 최근의 출생률과 같이 놓고 보면 상황이 심각하다. 관련 통계 수치에 따르면, 2016년은 지난 10년 중 중국의 연간 출생 인구가 가장 많은 해로 1,786만 명에 달했다. 그러나 2016년 이후 매년 하락세를 기록해 2021년에는 1,062만 명까지 떨어졌다. 2021년 중국의 사망 인구는 1,014만 명에 달해 60년 이래 최고치를 기록했다. 중국의 전체적인 의료 수준이 개선되고 인구의 평균 수명이 늘어나는 상황 속에서 출생률의 지속적인 저하는 결국 머지않아 초고령화 사회에 진입할 것이라는 걸 의미한다.

단순히 말하면, 인구학자, 경제학자, 사회학자들은 각자의 시각에서 고령화 사회가 가져올 무수한 도전에 대해 이야기한다. 하지만 그보다 먼저 우리가 생각해 봐야 할 문제는 "왜 사람들은 고령화 사회에 진입하는 것에 그리 큰 걱정을 느끼지 않는가?" 하는 것이다.

현재 중국인의 80%는 60세 이하의 사람들이다. 그중에서도 70년대, 80년대, 90년대, 00년대생이 주를 이룬다. 역사적인 시간의 축으로 봤을 때 이들은 1979년 이후 개혁 개방이 이뤄지는 과정에서 성장했다. 전체적으로 보면 70년대와 80년대생들은 물자가 비교적 부족했던 시대를 지나 국가가 공급 제도를 통해 생활에 필요한 자원을 분배하던 계획 경제 시대를 경험했다. 또한 생산 수준의 향상과 삶의 질이 지속적으로 개선되는 사회주의 시장 경제 시대를 겪었다.

그러나 90년대, 00년생들은 물자가 비교적 풍부하고 기술 혁신이 이뤄지는 환경 속에서 자랐다. 조금 다르긴 해도 어쨌든 이들은 '오늘이 어제보다, 내일이 오늘보다 더 나은' 환경에서 살아왔다. 비록 이 세대들은 출산 자녀 수를 통제하는 산아제한 정책 시기를 거쳤지만 70년, 80년대생의 부모 세대가 신중국 성립 이후 '베이비붐' 시대에 태어난 사람들이었기에 부모의 영향을 많이 받아 상대적으로 높은 출산율을 보였다. 비록 높은 집값과 과열되는 경쟁, 국영기업 개혁과 같은 일련의 도전이 있긴 했지만, 대다수 사람의 삶은 경제의 빠른 발전과 국가의 고속 발전 속도를 함께 맞추어갔다.

이러한 요인들이 구체적인 역사의 시공간 속에서 합쳐지면서 이들은 일상에서 고령화 사회 및 초고령화 사회의 도래를 잘 실감하지 못했고 앞으로 자신에게 어떤 미래가 펼쳐질지 잘 상상하지 못했다.

우리는 왜 공허한가

고령화와 시스템의 위기

○ ● ○

고령화 사회가 도래하면 우리는 어떤 세상에 살게 될까? 우리는 어떤 도전에 직면하게 될까? 인구 고령화의 문제에 대해서는 경제학, 인구학, 사회학은 물론 공공 관리 영역의 학자와 전문가들이 이미 수많은 분석과 대책을 내놓았다. 정치와 제도의 부분에서는 산아제한 정책을 완전히 철폐해야 한다고 주장하는 사람들이 늘어났고, 현재의 공공 요양기관의 양과 질을 개선해 더 많은 노인에게 혜택을 줘야 한다는 목소리도 있다. 학교처럼 등하원하며 케어할 수 있는 데일리 케어 센터나 요양보호사 파견 등, 보다 더 다양한 제도를 도입해야 한다는 의견도 있다. 그중에서도 대부분의 학자는 먼저 고령화 사회에 진입한 다른 국가들의 사례를 연구하고 이를 중국 상황에 맞게 대입해 봐야 한다고 말한다.

실제로 한국과 일본은 물론 북유럽 국가들은 우리보다 훨씬 먼저 고령화 사회에 진입했다. 고령화 사회가 가져오는 직접적 위기는 매우 체계적이다. 취업률 감소, 경제 활력 저하, 공공복지 부담 증가, 연금 확충 등 여러 문제들이 포함된다. 만약 이러한 문제들이 실감이 나지 않는다면 인터넷에서 일본의 70세 노인이 아직도 택시 운전을 하며 생계를 이어가고 있다는 기사를 찾아서 읽어보자.

그러나 나는 이런 문제들을 얘기하고 싶은 것이 아니다. 이번 장에서는 지금까지 다뤄온 방식에 따라 고령화 사회의 궁극적인 문제에 대해 생각해 보고자 한다. 이 궁극적인 배경에는 두 가지 중요한 문제가 있다. 첫째, 현대 사회에서 인구와 인구 구조가 왜 중요한 문제로 떠오르는가? 둘째, 중국과 같은 거대 공동체가 초고령화 사회에 진입하면 맞닥뜨리게 될 가장 본질적인 위기는 무엇인가? 하는 것이다.

먼저 첫 번째 문제에 대해 이야기해 보자. 독일 사회학자 노르베르트 엘리아스의 대표작 『문명화 과정』에는 중세에서 현대에 이르는 역사적 과정이 기록되어 있으며, 이 과정에서 현대인과 현대 국가가 동시에 성장하는 과정을 다룬다. 즉, 개인은 이성적으로 성장하고, 국가는 강대해지는 것이다. 개인적으로 이 책에는 또 다른 중요한 메시지가 숨겨져 있다고 생각한다. 그것은 바로 '현대 국가에서 인구가 왜 핵심적인 문제인지를' 설명하는 답을 제시하고 있다는 점이다.

일반적으로 현대의 등장 배경은 기술의 진보로 설명된다. 기술의 진보는 자연과학의 발전에서 비롯된 것이다. 이성은 현대 사회에서 중요한 사상적 원칙이 되었고, 현대인과 현대 문명의 주요 목표로 자리 잡았다. 그런데 엘리아스는 이 문제를 사회적 관점에서 재해석한다. 그는 중세 후반 유럽 대륙에서 나타난 새로운 현상을

우리는 왜 공허한가

설명한다. 과거 지방 영주가 세력을 키워 중앙 영주에 반발하던 정치적 혼란의 고리가 끊기고, 상대적으로 안정적인 전제주의 군주 국가가 등장했다는 것이다. 그 결과 지방 영주는 중앙 영주에 대항할 동력, 능력, 가능성을 모두 잃게 되었다. 엘리아스가 제시한 핵심 질문은 '왜 이 두 가지 현상이 유럽에서 동일한 시기에 나타났는가?' 하는 것이다. 그는 자신이 살고 있는 시대가 매우 독특했기 때문이라고 설명한다.

생산력과 장거리 교통 운송 기술의 발달로 지역 간 무역 활동이 증가하면서, 등가물 역할을 하는 화폐의 중요성이 더욱 커졌다. 또한 사람들 간의 교류도 과거의 '권력' 중심에서 '이익' 중심으로 변화했다. 이로 인해 법률과 계약이 사회생활과 정치에서 차지하는 의미도 커졌다. 상공업의 발전과 무역 체제의 확장은 사회의 분업 체계를 더 복잡하고 긴밀하게 만들었다. 그로 인해 '사람'은 점점 더 밀접한 운영 체제 속에서 없어서는 안 될 중요한 구성 요소가 되었다.

엘리아스는 '과거의 중앙 영주가 권위를 취득한 후 가장 중시했던 업무는 토지와 인구를 군사와 공신, 귀족들에게 분봉해 주는 것'이었다고 지적한다. 지방 영주는 일단 이러한 요소를 얻고 나면 견제하기 어려운 존재가 되었다. 그러나 전체 사회의 분업 체계와 무역 체계가 발달한 후 화폐를 중심으로 한 경제적 자산이 인구와 토지를 대신하게 되었다. 이는 중앙 영주가 슬기롭게 분봉해야 하는 새로운 요소로 떠오르게 되었다. 그리하여 이후에는 자신의 관할 토지와 인구를 통해 생산된 산업과 경제 형태를 계산하고 측량하는 것이 가장 중요한 과제로 떠올랐다.[51]

프랑스 사상가 미셸 푸코는 『안전, 영토, 인구』에서 '진정한 정치적 통치는 인구 문제를 해결하는 정치'라고 말했다. 이런 의미에서 보면 현대 정치의 핵심 '경쟁력'은 과학적인 방법으로 인구의 통계적 특징을 계산하여 국가 전체의 미래를 예측하는 것이라 할 수 있다. 그의 말처럼 "신하가 통치자의 의지에 복종하는 시대는 지났다. 이제는 인구와는 무관해 보이는 요소들을 계산, 분석, 그리고 관찰을 통해 통제해야 한다. 사람들은 이러한 방식이 실제로 인구에 영향을 미칠 수 있다는 사실을 깨닫게 되었다."[52]

이것이 첫 번째 문제에 대한 답이 될 수 있을 것이다. 인구와 연령 구조가 중요한 이유는 그것이 현대 국가의 정치적 산물이기 때문이며, 인구가 한 국가의 경제 형태와 재정 능력을 대변하기 때문이다.

이어서 두 번째 문제에 대해 살펴보자. 중국처럼 초대형 규모의 공동체가 초고령화 사회에 진입하게 될 경우 직면하게 될 가장 근본적인 도전은 무엇일까?

중국 사회는 1978년 개혁 개방을 시작했다. 이것이 중국과 같

우리는 왜 공허한가

은 초대형 규모의 경제 사회가 빠른 시간에 발전할 수 있었던 이유다. 이를 통해 문화 실력이 향상되었고 경제에 활력이 넘쳤으며, 기술 수준이 제고되었다. 개혁 개방 이전에 축적한 방대한 인구 자원은 경제 성장을 위해 필요한 노동력을 대량으로 제공했다. 그뿐 아니라 호적 제도의 완화, 도시화의 가속화, 도시와 농촌 간의 인구 및 자원의 유동성이 확대되면서, 21세기 들어 부동산 업계의 성장을 크게 촉진했다. 부동산 산업은 철강, 시멘트, 건축 자재, 가전, 가구, 도시 인프라 등 수많은 산업의 성장을 이끌었고, 스필오버 효과를 통해 대량의 일자리를 창출했다. 또한 점점 더 강화되는 도시화는 무한한 노동력을 제공하며, 부동산 구매자와 토지 사용자를 확보했다.

농업 생산에서 해방된 노동력이 도시로 이동하면서 농촌에서는 공동화 현상이 발생했다. 반면, 이러한 변화는 부동산 및 건축업 확장에 필요한 새로운 토지를 제공하는 결과를 낳았다. 이렇듯 출렁이는 경제의 파도 속에서도 방대하고 우수한 노동력이야말로 없어서는 안 될 중요한 구조적 요소라는 사실을 직감하지 못하는 사람이 많다.

14억 인구를 보유한 초대형 규모의 공동체가 초고령화 사회를 향해 가고 있는 지금, 가장 직접적으로 나타날 수 있는 도전은 의료 및 양로 자원의 부족이나 지역 간 경제 발전 격차 심화가 아니다. 오히려 가장 심각한 문제는 노동 적령기에 있는 젊은 노동력의 급감이다. 이러한 급감 현상은 일련의 연쇄 반응을 일으킬 것이다.

가장 먼저 현재 노인 연금 제도가 거대한 도전과 압박에 시달리고 있다. 지금의 노인 연금 제도를 앞으로도 지속 운영하기 위해서는 두 가지 조건 가운데 최소한 하나는 만족할 수 있어야 한다.

첫째, 다음 세대 인구수가 안정적인 성장세를 유지해야 한다는 것이다. 최소한 대규모로 축소되는 일은 없어야 한다. 둘째, 국가 주도의 산업 구조는 과거의 저임금 밀집형 산업에서 기술 집약형 산업으로 전환되어야 하며, 글로벌 산업 체인에서 업스트림 산업 upstream industry (제품이나 서비스의 생산 과정에서 원자재나 기초 자원을 추출하거나 공급하는 산업)의 위치를 확보해야 한다. 이러한 산업은 강력한 파급 효과를 가지고 있어 지속적인 경제 성장을 촉진할 수 있고, 재정 수입의 지속적인 확대를 실현할 수 있다.

한편, 초고령화 사회가 도래하면 평균 퇴직 연령이 연장될 것이다. 퇴직 연령이 상향되면 신체 건강에 대한 요구도 함께 증가할 뿐만 아니라, 고령 노동 인구가 일자리를 점유하면서 젊은이들의 취업난이 심화될 가능성이 크다. 따라서 고령화는 단지 노인들에 관한 이야기나 노년의 대열에 합류한 사람들에게만 의미 있는 주제가 아니다. 인구가 힘이 되는 현대 국가의 논리 속에서 고령화는 일종의 구조적인 시스템의 난제이다.

개인적인 선택이 된 출산

○ ● ○

고령화 사회라는 문제를 이야기할 때 피해 갈 수 없는 근본적 문제가 있다. 바로 출산율 감소다. 사람이 태어나 나이를 먹고 쇠약해져 죽음에 이르는 건 아주 자연스러운 일이다. '늙는다는 것'은 사람이라면 그 누구도 피해 갈 수 없는 운명이다. 사회가 고령화 사회 단계에 진입하게 되면 이로 인해 출산율 감소가 나타난다. 그렇다면 이것은 개인의 의지 문제일까, 아니면 능력의 문제일까?

인터넷에서 출산율 감소에 관한 자료를 살펴보면, 일본과 한국은 물론 북유럽 국가들이 중국보다 먼저 저출산과 고령화 사회에 진입했다는 내용의 기사들이 많이 확인된다. 국제연합UN에서 발표한 「2021년 세계 인구 현황 보고」에 따르면, 한국의 총출산율은 198개 국가 중 최하위를 기록했다. 또한 유엔과 세계은행의 데이터에 따르면, 한국은 1인당 GDP가 3만 달러를 넘는 경제 체제에서 고령화 속도가 가장 빠르게 나타나는 국가로 분석된다. 일본 역시 상황이 좋지 않다. 2022년 상반기 동안 일본의 출생 인구는 40만 명을 밑돌며 전년 동기 대비 5% 감소해 2000년 이후 가장 낮은

수치를 기록했다.[53]

일반적으로 국가의 현대화 수준이 높아질수록 경제, 사회, 문화의 발전은 이루어지지만, 출산율은 낮아지는 경향이 있다. 그렇다면 그 이유는 무엇일까? 이 문제를 설명하는 여러 관점이 있지만, 가장 쉽게 이해할 수 있는 논리는 다음과 같다.

현대인은 중세나 전통 사회에서 지배적이던 '군권신수설'과 같은 체제를 벗어나, 인간이 더 이상 신이나 군주의 부속물이 아니라 독립적인 존재라는 점을 인식하게 되었다. 이로 인해 연애, 결혼, 출산 같은 문제도 개인의 선택에 속하는 일로 변화했으며, 모든 결정은 개인의 자유의지에 따라 이루어지게 되었다.

또한 현대 사회는 고도로 분업화된 체제를 특징으로 한다는 점이 또 하나의 중요한 요인이다. 신기술의 빠른 발전과 생활 수준의 향상으로 대부분의 현대인은 편안한 삶을 누리며 무한한 가능성을 꿈꾸게 되었다. 이러한 가능성은 개인의 호기심을 충족시킬 뿐만 아니라 출산에 대한 생각과 가치관에도 변화를 가져왔다. 과거에는 결혼 후 반드시 아이를 낳아야 한다고 여겨졌지만, 이제는 출산 역시 다른 선택 사항들과 동등한 위치에 놓여 개인의 선택에 따라 결정되는 문제로 바뀌었다. 또한 가치관의 변화나 선택의 범위 확대뿐만 아니라, 자녀 양육에 필요한 경제적·시간적 비용이 과

우리는 왜 공허한가

도하게 증가하면서 새로운 형태의 가족 구성이 등장하게 되었다. 예를 들어, 자녀 교육을 위해 타지에서 일하며 돈만 보내는 기러기 아빠나 기러기 자녀와 같은 가족 형태가 나타나기도 한다.

이로써 출산을 하지 않는 선택이 도의적인 정당성을 얻게 되었고 감정적으로도 많은 이의 동의를 얻게 되었다. 물론 이러한 이유들이 출산을 하지 않는 모든 이의 구체적인 상황을 완전히 대변할 수는 없지만, 절대 다수의 사람들 사이에서 이해와 공감의 기반을 마련할 수는 있을 것이다. 그러나 개인적으로, 이러한 이유만으로 현대 문명에서 나타나는 저출산 현상을 완전히 설명하기에는 부족하다고 생각한다. 이 문제 뒤에는 훨씬 더 근본적인 원인이 숨어 있다고 생각한다.

출산 문제는 단순히 경제적 비용으로만 설명할 수 없는 문제다. 이는 종교와 문화 전통의 영향을 깊게 받기 때문이다. 종교 세속화가 높은 문명 속에서는 출산이 개인의 인생에서 '선택'의 범주에 속하지만, 종교 세속화가 낮은 문명에서는 출산이 개인의 선택을 넘어서 신성한 의미를 지닌다. 각 문명의 고유한 문화 전통은 출산 문제와 밀접하게 연관되어 있다. 예를 들어, 중국의 전통 사회는 전형적인 종법사회宗法社會로 볼 수 있다. 여기서 말하는 종법은 단순히 '봉건', '보수', '낙후'와 같은 표면적인 의미를 넘어서, 혈연을 기반으로 형성된 사회적 구조를 의미한다. 이 사회에서는 모든 사람이 자신의 혈연 계통에 따라 구조적 위치를 갖고, 그 위치에서 다른 사람과의 관계를 맺는 것이 중요한 가치로 여겨진다. 중국 고전에서 강조되는 '부자자효父慈子孝, 형우제공兄友弟恭'처럼, 부모는 자식을 사랑하고, 자식은 부모에게 효도하며, 형은 우애롭고 동생은 공손해야 한다는 교훈은 모두 그 구조적 위치에서 맺어야 할 윤리적 관계를 명시하는 것이다.

또한 중국인의 문화 전통은 신에 대한 숭배가 아닌 선조, 조상에 대한 숭배였다. 전통 사회에서 가장 큰 형벌은 죽은 뒤에도 사당에 들어가지 못하거나 족보에 이름을 올리지 못하는 것이었다. 마찬가지로 이러한 종법 윤리 질서의 사회 속에서 출산은 개인의 선택이 아닌 전체 가족의 대를 잇는 중대한 문제였다.

중국의 경전『예기·혼의禮記·昏義』에는 '혼례란 두 사람이 만나 하나가 되는 일로 위로는 조상을 섬기고 아래로는 후사를 잇는 것이니 군자의 중요한 덕목'이라는 문구가 나온다. 전통 중국 문화에서 결혼은 사랑의 자연스러운 결과물이 아니라, 종교적 의미와 가족의 존속, 나아가 국가의 역사와 혈맥을 이어가는 중요한 의식으로 여겨졌다. 특히 출산은 이러한 결혼의 결과로서 단순한 개인적인 선택이 아니라, 가정과 종족의 존속을 위한 신성한 행위로 인식되었다. 현대적인 의미의 사랑과는 거리가 먼 이 관념은 결혼과 출

우리는 왜 공허한가

산을 사회적·문화적 의무로 간주하며, 그 안에서 가족과 사회, 국가를 위한 중요한 책임으로 묶어 놓았다.

종교적 세속화와 특정 역사적 및 문화적 전통이 맞물려 시간이 지나면서, 전통과 현대는 자연스럽게 충돌하게 되었다. 이러한 충돌은 일종의 '조우전遭遇戰'처럼 나타난다. 전통적인 가치와 현대적인 가치가 서로 맞물리며 충돌할 때, 그 갈등은 단지 개인의 선택이나 사회적 규범에 그치지 않고, 문화를 형성하는 깊은 구조와 철학적 차이에 기반한 문제로 비화된다. 저출산 문제는 이러한 갈등의 결과로 나타난 비의도적인 현상이라고 볼 수 있다. 전통적인 가치관과 현대 사회의 변화된 가치관 사이에서 발생한 충돌은, 출산이라는 사회적 실천을 개인적 선택의 영역으로 이끌어 가면서 예상치 못한 결과를 초래한 것이다.

현대 사회에서 개인은 더 이상 군주나 교회, 종교, 혈연의 부속물이 아니다. 오직 자신만이 인생의 최고 주권자가 될 수 있다. 이로 인해 연애, 결혼, 출산은 모두 개인의 선택에 속하는 사적인 영역이 된다. '결혼이야말로 사랑의 종착점이며 자녀는 그 사랑의 결정체'라는 전통적인 공식은 현대 사회에서는 사실상 허상에 가까워졌다.

미셸 푸코는 『성의 역사』에서 "인류의 성 생활은 과거의 '생육 본능'에서 '쾌락'을 추구하는 과정으로 전환되었다."라고 지적했다. 현대 사회에서 개인의 자유 의지가 무엇보다 중요한 가치로 자리 잡으면서 연애, 결혼, 출산은 더 이상 인생에서 반드시 거쳐야 할 필수 경유지가 아니다. 오히려 이 세 가지는 서로 독립적으로 존재할 수 있으며, 이러한 개인적 선택과 가치관의 변화가 저출산과 고령화 사회로의 급격한 변화를 불러일으켰다고 본다.

닫혀버린 관계, 세대의 틈

○ ● ○

이제 다시 '고령화 사회'라는 주제로 돌아가, 기술적이거나 정책적인 접근이 아닌(비기술, 비정책) 우리가 직면한 진정한 어려움을 다른 각도에서 살펴보려 한다. '비기술'과 '비정책'이라고 한 이유는, 지금 이야기할 내용이 마음과 영혼의 관점에서 바라본 것이기 때문이다. 제 이야기를 들려주고 싶다.

오래전, 내 인생 처음으로 내 명의의 차를 사서 부모님 댁으로 몰고 간 적이 있었다. 운전대를 잡은 지 얼마 되지 않아서였는지, 도로에만 나서면 나는 마치 분노조절 장애를 가진 사람처럼 돌변하곤 했다. 특히 좁은 골목길에서는 그 증상이 더 심했다.

오토바이, 자전거, 자동차가 뒤섞여 지나다니는 시골길에서 한 번은 70대로 보이는 남성이 자전거를 타고 중앙선을 따라 세월아 네월아 유유히 페달을 밟으며 내 차 앞을 가로막았다. 조급증이 치밀어 올라 몇 번이고 자동차 경적을 울렸다. 그때 뒷좌석에 계시던 엄마가 "그러지 마라, 나이 많은 사람한테 그렇게 하면 안 된다."라며 나를 타이르셨다.

"엄마, 저도 이렇게 하는 게 제 권리예요. 제가 무슨 교통법규를 어긴 것도 아니고요. 그런데 저분은 꼭 중앙선을 막고 저렇게 느릿느릿 가야만 하나요?" 내 말에 엄마의 잔소리 폭격이 시작됐다.

"도대체 요즘 젊은 사람들은 배려라는 걸 몰라. 사실 우리 노인들도 젊은 사람들이 무슨 생각하는지 다 알아. 우리도 너희 나이였던 적이 있으니까. 그런데 너희는 몰라. 왜냐하면 너희는 아직 젊어서 늙어본 적이 없으니까. 사람이 나이가 칠십이 넘으면 눈도 침침해지고 귀도 잘 안 들려. 팔다리는 내 뜻대로 안 움직이고 머리도 예전처럼 돌아가지 않아. 저기 앞에 있는 양반도 일부러 길을 막고 싶어서 그런 게 아닐 거야. 몸이 마음처럼 안 따라주니까, 자기가 길을 막는 걸 알아도 빨리 비켜줄 수가 없는 거라고."

엄마의 말이 끝나자, 나는 아무 말도 할 수 없었다. 우리 엄마는 정말 평범한 보통 사람이다. 하지만 그날 엄마가 했던 변론이 내 마음에, 머리에 깊이 새겨졌다.

사람들은 종종 남을 진정으로 이해하는 건 쉬운 일이 아니라고 말한다. 곰곰이 생각해 보면 그 이유는 마음이나 성격 때문이 아니라, '경험'이 부족하기 때문이다. 혈기 왕성한 젊은 시절에는 눈도 침침하고 체력도 떨어지고 반응도 느린 노인들의 상황을 잘 이해하지 못한다. 그런 상황에 놓여본 적이 없기 때문에 그 느낌을 알리 없다. 그래서 부모님의 잔소리 속에 담긴 '진리'를 무시하고 노인들이 느끼는 감정이나 마음을 신경 쓰지 않는다.

현대의 젊은이들은 '개성'과 '자아'를 삶에서 가장 소중한 가치로 여기며, 자기만의 삶을 추구하기 위해 끊임없이 노력한다. 그러나 기술이 빠르게 발전하고 세대교체의 속도가 갈수록 빨라지면서, 신체 기능이 점차 저하되는 노인들은 기술과 속도가 만들어낸 여러 도전에 직면하고 있다. 이로 인해 노인들은 현대 사회에 적응하지 못하거나 시대를 따라가지 못하는 경우가 많아졌고, 심지어 본인의 자녀조차 이해하기 어려워하는 상황에 놓이게 된다.

젊은 세대는 종종 부모님이 구시대적이고 고리타분하게 느껴져 그들의 말을 진지하게 귀 기울이지 않는 경우가 많다. 이를 우리는 흔히 '세대 차이'라 부른다. 하지만 부모님의 젊은 시절 사진이나 일기, 편지를 들여다보면, 그들은 우리의 상상 이상으로 용감하고 독립적이었으며, 당시로서는 누구보다도 '세련된' 삶을 살았다는

우리는 왜 공허한가

사실을 깨닫게 된다.

결국 세대 차이라는 것은 여러 가지 복합적인 의미를 담고 있지만, 근본적으로는 각 연령층이 처한 시공간에서 형성된 몸과 마음의 상태가 상대방의 세계에서는 온전히 재현되지 못하는 일종의 '세대 간 불일치'를 의미한다고 볼 수 있다.

"내 집의 노인을 소중히 여기고 그 마음을 다른 노인에게 미치게 하며, 내 집의 어린이를 아끼고 사랑하여 그 애정이 다른 어린이에게까지 이어지게 한다면 천하를 손바닥 위에 올려놓을 수 있다."[54]

이는 유가儒家의 가르침 중 하나다. 인간은 경험하지 않은 몸과 마음의 상태를 온전히 이해하거나 공감하기 어려운 유한한 존재다.

한 사회에서 점점 더 많은 사람이 노년기에 접어든다는 것은, 점점 더 많은 사람이 다른 세대가 경험하지 못한 몸과 마음의 상태에 놓이게 된다는 의미다. 이러한 자연의 흐름은 필연적으로 세대 간의 차이를 만들어내며, 그 차이는 '이해'라는 귀한 자질을 더욱 희소한 것으로 만든다. 결국 세대 차이는 단순히 나이에서 비롯된 문제가 아니라, 각 세대가 처한 환경과 경험이 빚어낸 본질적인 간극이다. 이 간극을 메우기 위해서는 자신의 한계를 넘어 상대를 이해하려는 깊은 배려와 진심 어린 공감이 필요하다.

사회학자 막스 베버는 '사회학 연구란 사회적 행동과 개인의 행동에 주관적인 의미를 부여하는 것'[55]이라고 말했다. 그래서 베버의 학설은 흔히 '이해의 사회학'이라고 불린다. 하지만 사람이 서로를 진심으로 이해하는 것은 결코 쉬운 일이 아니다. 이는 모든 사람이 성장 과정과 환경이 다르고, 그로 인해 고유한 기질과 가치관을 형성하기 때문이다. 개인의 행동은 역사적 상황과 현실적 조건에서 영향을 받으며, 이 점은 단순한 표면적 관찰로는 결코 파악할 수 없다. 예를 들어, 누군가의 스마트폰 메신저 기록 일부를 가져와 분석한다고 해도 별다른 소용이 없다. 그 메시지가 만들어진 맥락이나 배경을 전혀 알지 못하기 때문이다. 이와 마찬가지로, 사람들이 서로를 이해하기 어려운 이유는 많은 경우 서로의 상황을 깊이 파악하지 않고 단순히 '구경'하는 데 그치기 때문이다.

이런 점에서 현대인은 타인을 점점 더 규칙적이고 과학적으로, 즉 추상적으로 인식하는 경향이 강하다. 현대 사회에서 사람들은 본능적으로 이익을 추구하고 손해를 피하려는 경향을 보이며, 이는 행동의 주된 동기가 되곤 한다. 이러한 인식 방식은 현대인의 사고에 깊숙이 자리 잡아, 타인을 이해하려는 노력 대신 행동의 결과와 이익만을 판단하려는 태도로 이어지고 있다.

노년층이 처한 상황을 이해하기 어려운 이유는, 아직 노인이 되지 않은 대다수의 사람이 그들만이 겪는 몸과 마음의 상태를 경험해본 적이 없기 때문이다.

우리는 왜 공허한가

개인적으로 중국과 같은 전통 문화 속에서 부모와 자식 간에 존재하는 거리감이 때로는 서로의 영혼을 닫아버리는 구조를 만들어내고 있다고 본다. 이 같은 현상은 거대한 공동체가 초고령화 사회에 진입하면서 마주할 가장 큰 도전이자 위기가 될 가능성이 크다. 만약 이러한 상황이 바뀌지 않는다면, 점점 더 많은 사람이 서로에게 이해받지 못하고 또 이해하지 못하는 사회가 될 위험이 있다. 이는 세대와 세대를 연결하는 소통의 끈이 느슨해지고, 결국 끊어질 수도 있음을 의미한다.

'기소불욕己所不欲, 물시어인勿施于人', 내가 싫어하는 일을 남에게도 시키지 말라는 이 말은, 내가 대접받고 싶은 대로 다른 사람에게도 대접하라는 뜻이다. 만일 타인에게 이해받는 노년을 보내고 싶다면, 당장 내 부모를 이해하는 것부터 시작해야 한다. 설령 그들의 몸과 마음을 진정으로 이해하지는 못할지라도 최소한 닫혀있는 마음의 구조를 여는 것부터 시작해야 한다. 왜냐하면 나와 부모는 '이해받는' 삶의 스토리를 나와 공유할 가치가 있는 소중한 존재이기 때문이다.

12

현대 사회에 우울증이
점점 더 많아지는 이유

우울은 인류 사회의 전염병이다

○ ● ○

「2022년 국민 우울증 보고」에 따르면, 중국 성인 가운데 우울 장애 평생 유병률[56]은 6.8%로 그중 우울증이 3.4%를 차지한다. 현재 중국의 우울증 환자 수는 9,500만 명으로 매년 28만 명이 스스로 생을 마감하는데 그중 40%가 우울증을 겪고 있다.

세계보건기구[WHO]는 전 세계적으로 약 10억 명이 정신적 장애를 겪고 있으며, 40초마다 한 명이 자살한다고 보고했다. 특히 저소득 및 중등수입 국가에서 전 세계 자살의 77%가 발생한다. '우울 연구소'가 우울증 환자 6,670명을 조사한 결과, 응답자의 50%가 학생이었으며, 연구는 성년기의 우울증이 청소년기에 발병했을 가능성이 높다고 분석했다.[57]

관련 연구 기관의 통계와 일상적인 경험을 통해 볼 때, 심리적 질병을 겪는 사람들이 점점 늘어나고 있다. 게다가 이들 질병의 유형도 다양해지고 있는데, 우울증뿐만 아니라 불안장애, 조증, 그리고 두 가지가 동시에 나타나는 양극성 장애(조울증) 등 다양한 형태로 나타나는 추세다.

요즘 중국의 젊은 세대 사이에서 유행하는 표현 중 하나인 '나 emo됐어'는 영어 단어 'emotional'의 약자로, 우울, 슬픔, 실망 등 약간 소극적이고 감정적으로 가라앉은 상태를 뜻한다. 예를 들어, 우울한 기분을 표현할 때 "나 지금 완전 emo야."라고 말한다.

또 다른 흥미로운 표현으로는 '아싸'가 있다. 이는 '아웃사이더'의 줄임말로, 무리에 속하지 않고 혼자 지내는 사람을 지칭한다. 이 단어는 단순히 혼자 있는 상태를 넘어, 스스로를 낮추는 의미를 포함하기도 한다. 물론 의학적 질병의 개념은 아니지만, 이러한 표현들은 현대 사회에서 사람들이 전례 없는 '정신적 위기'에 시달리고 있음을 보여준다.

그렇다면 현대인에게 무슨 일이 벌어진 걸까? 우리가 지나치게 연약한 탓일까, 아니면 현대 사회가 지나치게 냉혹한 탓일까?

최근 우울증 치료와 관련 환자 돌봄에 대한 산업이 매년 성장하고 있다. 관련 기관의 통계에 따르면, 중국의 정신 및 심리적 장애의 평생 유병률은 16.6%에 달하며, 이 중 불안장애가 7.6%로 가장 높은 비율을 차지하고, 우울증이 6.8%로 그 뒤를 잇는다. 이러한 사회적 현상은 일반적으로 '정적 상관positive correlation'으로 설명할 수 있다. 점점 더 많은 사람이 심리적 질병을 겪으면서 심리학, 심리 건강, 심리 질병에 대한 대중의 관심이 높아지고 있기 때문이다. 이는 심리 건강과 관련 산업의 발전을 촉진하는 요인으로 작용하고 있다.

그렇다면 이것을 단순히 'A에서 B로 향하는' 일방적인 흐름으로 볼 수 있을까? 어쩌면 'B에서 A로 향하는' 역순환일 가능성도 있다. 즉, 심리 건강 관련 산업의 발전과 심리학 지식의 확산으로 인해 더 많은 사람이 자신의 심리적 질병을 자각하게 되었고, 이를 통해 심리적 문제를 가진 사람들을 이전보다 더 잘 발견할 수 있게 된 것이라 할 수 있다. 그렇다고 해서 심리학이 현대 과학에서 차지하는 중요한 의미를 부정하는 것은 아니다. 나는 결코 심리학의 발전에 반대하지 않는다. 다만 현대 사회에서 우울증, 불안장애, 양극성 장애와 같은 심리 질환이 급격히 증가하는 근본적인 원인을 더 넓은 시각에서 살펴보고자 한다.

이번 장에서는 '비심리학'의 관점에서 이러한 심리 질환과 현대 사회가 어떻게 연관되어 있는지 분석해 보려 한다.

구체적인 이야기를 하기 전에 먼저 짚고 넘어가고 싶은 점이 있다. 현재 의학계에서 심리적 질병은 어떻게 정의되고 있을까? 이를 설명하기 위해 양극성 장애를 예로 들어보자.

「중국 정신 장애 분류 및 진단 기준 제3판^{CCMD-3}」에 따르면, 분열 감정선 정신 질병은 '분열 증상과 감정 증상이 동시에 존재하거나 반복적으로 발작하는 질병'을 의미한다. 분열 증상에는 망상, 환각, 사유 장애 등이 포함되고, 감정 증상으로는 불안 발작이나 우울 발작이 있다. 분열 및 감정 정신병은 조증, 우울증, 혼합형으로 분류된다. 'CCMD-3'은 우울 발작의 증상으로 흥미 상실, 무기력감, 피로, 열등감, 자책, 죽음에 대한 생각, 자해행위, 수면 장애, 식욕 부진 등을 제시하며, 이러한 증상 중 4개 이상이 2주 이상 지속될 경우, 우울 발작으로 진단한다.

우울증과 같은 심리 질병의 의학적 개념을 명확히 짚어본 만큼, 이제는 이를 비의학적, 비심리적 더 나아가 자연과학적 관점에서 바라보고자 한다. 현대인 사이에서 우울증과 심리적 질병이 어떻게 '전염병'처럼 확산되었는지 함께 살펴보는 시간을 가져보자.

마음의 질병을 '과학적'으로 분석하는 시대

○ ● ○

현대 사회에 들어서면서 심리 문제는 더 이상 심리학의 전유물이 아니다. 프랑스 사회학자 에밀 뒤르켐의 『자살론』은 심리 문제를 사회학적 관점에서 연구한 선구적인 작품으로 평가받는다. 뒤르켐은 19세기 유럽에서 자살률이 급증하는 현상에 주목했다. 예를 들어, 1826년부터 1890년까지 프로이센의 자살률은 411% 증가했으며, 1826년부터 1888년까지 프랑스는 385%, 1841년부터 1877년까지 오스트리아는 318% 증가했다. 도대체 왜 이런 일이 발생했을까?

뒤르켐은 이 문제를 사회학적 관점에서 분석하며 자살을 세 가지 유형으로 분류했다. '이기적 자살, 이타적 자살, 아노미적 자살' 이 용어들은 다소 생소하고 추상적으로 보일 수 있지만, 사실 그 개념을 이해하는 것은 그리 어렵지 않다.

첫째, '이기적 자살'은 극단적인 개인화로 인해 발생하는 자살로, 이는 서양의 다양한 종교 전통과 밀접한 관련이 있다. 종교가 신도들에게 미치는 영향력과 통제력이 강할수록 신도들 간의 결속은 단단해지고 자살률은 낮아진다. 반면, 이러한 영향력이 약하면 자살률은 상승하는 경향을 보인다. 특히 종교 개혁을 경험한 개

우리는 왜 공허한가

신교 교도들은 천주교나 유대교 신도들보다 개인주의 성향이 훨씬 강했다. 이로 인해 공동의 신념이 더 빠르게 약화되고, 집단 의식도 상대적으로 약해졌다. 그러나 종교는 이기적 자살의 여러 요인 중 하나일 뿐이다. 결혼, 문화 등 개인에게 영향을 미치는 다른 요인들도 중요한 구조적 요소로 작용한다.

둘째, '이타적 자살'은 개인이 자신이 속한 사회나 집단과 지나치게 결속되어 발생하는 유형이다. 이러한 자살은 집단주의적 성향이 강한 사회에서 더 자주 나타난다. 예를 들어, 제2차 세계대전 당시 일본군의 가미카제 작전, 무슬림 무장단체의 자살 테러, 그리고 헌신적인 희생은 이러한 범주에 해당한다. 이러한 행동은 겉보기에 영광스러운 죽음으로 비칠 수 있지만, 이는 이기적 성향과 이타적 성향이 극단적으로 대립하는 양극단에 위치한 행동이다. 개인이 현실에서 이러한 극단적 영예로움을 추구할수록, 자살의 가능성 또한 높아질 수 있다.

셋째, '아노미적 자살'은 기존의 가치관이나 사회 규범이 혼란에 빠졌을 때 발생하는 자살 유형이다. 서로 다른 가치와 규범이 뒤섞인 사회, 혹은 급격한 변화를 겪는 사회에서 더 빈번히 나타난다. 한국의 경우, IMF 경제위기 당시 아노미적 자살 사례가 많이 보고되었다.[58]

뒤르켐은 자살 현상을 심리 건강이나 개인의 질환으로 보지 않고, 이를 대부분 '사회 질병'으로 인식하였다.

그렇다면 인류는 언제부터 심리 문제를 의학적이고 과학적인 시각으로 해석하기 시작한 것일까? 한 걸음 더 나아가, 과학 이전의 시대에서 인류는 우울, 불안 등의 문제를 어떻게 인식하였을까?

미셸 푸코는 현대 문명에서 유행하는 과학이 본질적으로 '권력-지식'의 관계를 둘러싼 구조적 체계라고 보았다. 그는 긴 시간 동안 '몽매'의 시대에는 실성이나 섬망 같은 비이성적인 상태를 종교적인 관점에서 영혼의 문제로 다루었다고 지적하였다. 중세에는 정신 이상이나 지적 장애가 죄악으로 여겨졌으며, 파리와 아미앵에서는 인간의 영혼에 대한 통제권을 두고 12개의 죄악 범주에 정신적 질병이 포함되었다고 하였다."[59]

하지만 17세기부터 의학이 과학적으로 발전하면서, 정신병에 대한 판정이 의사의 진단과 연관되기 시작했다. 이에 따라 정신과 관련된 잘못된 판결은 의학적 범주로 들어갔다. 19세기에 실증 의학이 발전하면서 실성 같은 비이성적 상태는 정신병으로 인정되었고, 관련 질병을 가진 사람은 법률적 능력이 없으며, 질서를 파괴하는 존재로 정의되었다.[60]

푸코는 이러한 과정 자체가 '지식화'와 '의학화'의 과정을 대변하는 것이라 지적했다. 다시 말해, 이것은 현대의 지식 체계와 권력

우리는 왜 공허한가

의 기제가 합쳐진 과정으로 현대 사회는 과학적 수단과 정확한 기준을 통해 사람을 분류하여 식별하고 그 가운데 '이상자'를 구별해 정신병자의 범주로 집어넣었다. 또한 정신병원이라는 감금 기제를 통해 그들이 사회 질서를 파괴하지 않도록 했고 의학적 수단을 통해 치료를 진행했다.

이렇듯 현대인은 '지식화'의 과정을 조금씩 수용하고 인정했지만, 이는 실질적으로 권력이 확산되는 과정이었다.

정신병에 대한 푸코의 '지식 고고학'적 분석은 역사적인 자료를 바탕으로 도출한 이론적 분석이다. 현대 정신 분석의 중요한 개척자로 불리는 프로이트 역시 우울을 비롯한 수많은 문제에 대해 본인만의 이론적 분석을 도출했다. 그는 『정신분석 입문』에서 정신분석은 해부학의 기초에 세워진 현대의학과는 다른 개념임을 명확히 밝혔다.

"사람들이 의학적인 훈련을 통해 길러낸 일종의 심리적 태도는 정신 분석적 태도와 매우 다르다. 그들은 종종 신체의 기능과 불균형을 해부학에 기초해 물리 화학을 사용하여 설명하고 생물학점 관점을 사용해 깊이 설명하려 하지만, 정신생활이 복잡한 유기체의 발전의 최종 결정체라는 걸 알지 못한다."[61]

프로이트의 관점에서 정신 분석은 단순한 기술적 수단이 아니었다. 정신 분석가는 일을 시작하기 전에 반드시 자기 분석을 하거나 분석을 받아야 하기 때문이다. 정신 분석은 주체와 주체 간의 깊은 상호작용으로, 그 본질은 직업적 기술이나 일련의 직업적 과정을 이해하는 것만을 의미하지 않는다. 또한 의사가 과학이라는 분석 도구를 사용하여 환자를 처리하는 간단한 과정도 아니다. 그러나 현대 사회에서 정신 분석의 도구화와 수단화가 진행되면서, 이것은 결국 영혼을 돌아보는 자아 성찰의 영역에서 과학화되고 직업화되어, 사람의 병적 심리를 실험하고 측정하는 전문적인 이성적 지식으로 변질되었다.[62]

일상에서 우리는 이런 방식으로 우울증을 이해하려고 한다.

"재밌잖아! 아니라고? 하여간 귀한 줄을 몰라. 약해 빠졌어."

이런 이해 방식은 당연히 비과학적이다. 그럼에도 사람들은 우울증과 같은 심리적 질병을 이런 식으로 이해하려 한다. 아마 이것은 과거에 우리가 개인의 성격을 파악하던 습관과 관련이 있을 것이다. 정서가 불안정한 사람은 자신의 기분을 격렬하게 표출하는 경향이 있다. 마음이 울적하고 답답한 사람은 인생을 비관적으로 바라보는 경향이 있다. 쉽게 긴장감을 느끼고 불안해하는 사람들은 밤에 잠을 이루지 못한다. 이러한 성격의 차이는 오랜 시간 동안 지속되며, 심지어 점점 더 심화되면서 불안, 우울, 걱정 등의 감정을 '의학'과 '과학'을 통해 판단하게 되는 것이다. 이른바 대인기피증 또한 그런 경우에 속한다. 비록 이것이 의학적 범주에 속하는 건 아니지만 사람들은 이 현상이 개인의 삶을 속박하고 긴장감을 극대화하며 대인관계를 기피하는 행동을 초래한다고 생각한다. 그러나 그 본질은 현대 과학의 용어나 단일한 사고방식으로 해석할 수 있는 문제가 아니다.

현대 문명이 발전하면서 사람들은 심리적 문제를 포함한 정신적 및 위생적 문제를 과학적 방법, 지식화된 수단, 그리고 프로세스화된 기술로 접근하기 시작했다. 이러한 접근 방식은 점차 표준화와 측정 가능성을 강조하게 된다. 인간은 심리적 질병의 생리학적 기초를 끊임없이 추구하고 있으며, 이 과정은 인간을 점점 더 '사물'처럼 다루고 측량하는 방식으로 이어진다. 결국 사람의 정신세계와 관련된 문제는 점점 더 '사물화'되어 처리되고 있다는 것이다.

우울증이라는 단어 자체가 우리 사회에 존재한 시간은 그리 길지 않다. 20세기 중엽에는 '신경 쇠약'이라는 명칭이 더 널리 사용되다가 미국 정신 의학 학회에서 발표한 「정신장애 진단 및 통계수첩(제3판)」에서 우울증, 불안 장애 등의 구체적인 질병의 명칭을 사용하면서 '신경 쇠약'을 대체하게 되었다. 또 우울증이라는 단어가 등장하면서 관련 제약 회사와 심리 상담 기구가 우후죽순으로 들어서기 시작했고, 이러한 요소는 서로를 끊임없이 자극하면서 객관적으로 유사 질병에 강력한 사회적 의미를 부여했다.[63]

현대 사회는 점점 더 복잡한 상황에 직면해 있다.

첫째, 모든 것을 사물처럼 간주하는 논리 구조가 지배적인 사회에서, 인류는 자신이 처한 다양한 현상—심리적 현상과 정신적 현상까지—을 객관적이고 측정 가능한 하나의 '사물'로 인식하고 이해하려 한다. 둘째, 현대 사회는 고도로 분업화된 시스템 속에서 규격화와 표준화의 요구가 강하게 나타나며, 모든 '고리'가 서로 긴밀하게 연결되어 있다. 이로 인해 우울증과 같은 심리적 질병은 과거의 '영혼' 문제에서 벗어나 심리적인 문제로 전환된 이후, 의사와 환자, 약물과 증상 간의 의학적 문제로 변환되었고, 결국 지식과 권력, 환자와 산업 간의 경제적 및 사회적 문제로까지 확대되었다. 물론 이러한 변화가 단순히 '좋다' 혹은 '나쁘다'고 평가하기는 어렵지만, 분명히 현대 사회에서 심리적 문제가 더욱 복잡한 양상으로 전개되고 있다는 점은 부인할 수 없다.

우리는 왜 공허한가

긴장감, 현대 문명의 파생품

○ ● ○

'현대성'이라는 역사의 흐름이 점차 심화됨에 따라 우리는 과학적 방법을 통해 심리 질병을 식별하는 데 익숙해졌고, 동시에 생리학적 측면에서도 심리 문제를 유발하는 원인을 찾아내고 이를 치료하려는 노력을 지속해왔다. 예를 들어, 도파민 수용체의 활성화가 제대로 이루어지지 않으면 우울증을 유발할 수 있다는 사실이 밝혀진 이후, 도파민 분비를 자극하는 다양한 약물이 경쟁적으로 출시되었고, 이를 통해 흥분도와 외부 자극에 대한 감응도를 낮추려는 노력이 이어졌다.

하지만 이번 장에서는 심리 질병을 유발하는 사회적 원인에 대해, 생리학적 관점이 아닌 '비생리적' 관점에서 살펴보려 한다.

일부 연구자들은 21세기에 이르러 현대 문명이 신자유주의의 세계화라는 형태로 더 뚜렷하게 나타났다고 주장한다. 이것은 '포스트 포드주의post-Fordism'[64]의 탄력성(자본의 국가 간 이동과 지역 간 분업 체계로 인한 실시간 생산, 아웃소싱, 탄력근무제, 임시직의 상시화 등), 경쟁력(국가와 기업, 개인에 대한 혁신, 탄력, 기업가 정신 및 자주적 책임), 민관 협력(국가와 민간 부문의 협력으로 서비스 혹은 과학 기술의 발전을 공동으로 추진), 소비사회(의약품의 경우 국민들은 건강해질 때

까지 의료상품과 서비스를 지속적으로 소비) 등에서 구체적으로 드러
난다.[65]

물론 이것은 매우 학술적인 표현이지만, 인류가 현대 사회에서
보편적으로 직면한 운명을 말해 준다. 나는 우리가 이 일련의 변화
가 일어난 시간을 조금 더 길게 살펴본다면, 신자유주의 세계화라
는 추상적인 개념만으로 이를 포괄할 수는 없다고 생각한다.

현대성의 근본적인 논리는 구체적인 시간과 공간 속에서 드러
나기 때문이다. 따라서 심리적인 질병을 이해하려면, 현재 사회에
서 유행하는 구체적인 현상으로 그것을 해석해야 한다. 그러므로
먼저 모든 현대인이 사회 속에서 처한 상황을 살펴보자.

현대인은 구조성이 충만한 세계 속에서 살아가고 있다. 태어날
때부터 평등, 자유, 독립을 기본적인 가치로 배우며 자란 현대인은
반드시 의미 있고, 꿈이 있으며, 자유롭게 선택한 공간에서 살아가
야 한다고 믿는다. 이러한 자율적으로 선택한 공간은 개인의 인생
가치관에도 고스란히 반영된다. 이는 모든 현대인의 이상이자, 현
대 문명이 개인에게 약속한 바이기도 하다.

이러한 가치관은 이미 현대 사회의 기본값으로 설정되어 있으
며, 일련의 기본적인 제도를 통해 일상 속에서 실현되고 있다. 현
대의 법률 체계는 모든 사람의 주체성을 인정하며, 이 주체성 위에
서 사람과 사람 간의 관계는 평등하다는 원칙을 기반으로 한다. 현

우리는 왜 공허한가

대의 교육 체계 또한 사회적 기제를 강조하며, 태생적인 불평등을 극복할 가능성을 교육을 통해 제공한다는 이론 아래 모든 사람에게 교육받을 권리를 보장한다.

나아가 현대인은 선진화된 생산 체계와 복잡한 분업 구조, 나날이 발전하는 기술을 바탕으로 다양한 직업을 통해 자아를 실현할 수 있다. 개인의 삶에서도 변화는 뚜렷하다. 결혼과 연애는 과거 봉건 가부장제, 군주제, 종교 권위의 구속에서 벗어나 완전히 사적인 영역에 속하는 개인의 선택이 되었다.

하지만 현대인에게 이러한 기본값과 약속은 언제든 무너질 수 있는 불안정한 요소로 작용하고 있다. 유한한 자원과 개인 간의 능력 차이 같은 수많은 요인으로 인해 현대 사회가 개인에게 약속한 이상이 실제로 실현되지 않는 경우가 많기 때문이다.

현대인은 자신에게 무한한 가능성이 있다고 믿지만, 현실에서는 복잡한 체계 속에서 매일 같은 일을 반복하며 때로는 스스로 '무의미한' 일을 하고 있다는 생각에 사로잡히기도 한다. 생계를 유지하고 가족을 부양하기 위해 하루하루 근근이 살아간다는 부정적인 감정에 휩싸이며, 꿈꿔왔던 자유롭고 의미 있는 삶과의 괴리를 느끼는 것이다.

또한 자신에게 무한한 삶의 선택권이 있다고 믿으면서도 많은 사람은 여전히 부모의 권유나 소개팅, 맞선과 같은 전통적 방식으로 관계를 맺고 결혼하는 경우가 적지 않다. 심지어 결혼마저도 사랑이나 감정과는 무관한 단순히 기능적인 선택에 불과하다는 생각에 빠지기도 한다.

이렇듯 보편적인 구조적 긴장감이 팽배한 상황에서 개인은 평등과 자유를 느끼기보다는, 현대 사회가 약속한 평등과 자유를 제대로 이행하지 못하고 있다는 좌절감을 느끼게 된다. 이로 인해 평등과 자유라는 개념은 왜곡된 시각으로 해석되며, 개인의 기대와 현실 사이의 괴리는 더욱 커진다.

개인이 자신의 의지를 실현하지 못하고 진정한 자아를 펼칠 수 없는 이러한 상황은 심리적 압박과 스트레스를 초래한다. 이러한 긴장감 속에서 오랜 시간 억압된 현대인은 점차 의기소침해지고 비관적으로 변하거나, 감정이 격화되는 등 다양한 부정적 반응을 보인다. 때로는 이러한 감정이 복합적으로 한꺼번에 나타나기도 한다.

현대 사회의 또 다른 전형적인 특징은 전문화된 분업 시스템이다. 이 복잡한 분업 시스템은 빠르게 작동하는 정밀한 기계에 비유할 수 있다. 그 속에서 개인은 기계를 움직이는 하나의 부품에 지나지 않는다. 부품의 특징은 무엇일까? 정해진 시간 안에 끊임없이 동일한 노동을 반복해야 한다는 점이다. 실질적으로 현대의 직업 시스템에서 많은 사람은 이러한 상태에 놓여 있다. 현대 사회는 개인의 전문성을 최대한 끌어올리기 위해 높은 요구와 철저한 훈련을 부과하며, 이를 통해 각자의 노동 기능과 효율을 극대화하려 한다.

그러나 치열한 경쟁과 '포스트 포드주의'가 형성한 보상 기제는 개인을 무한히 반복되는 네이쥄 상태, 즉 아무리 노력해도 제자리 걸음을 벗어나지 못하는 무기력한 상황으로 몰아넣거나, 경쟁 사회가 사람들에게 끊임없는 무력감과 허무감을 조장한다. 이와 더불어 마르크스가 언급했던 소외 현상 역시 현대인의 삶 전반에 빠르게 확산되었다. 사람들은 직업 정신이나 사명감이 아니라 단순히 임금을 기준으로 노동을 선택하게 되었고, 이는 신체적 피로뿐 아니라 삶의 의미마저 상실하게 만드는 결과를 초래했다. 더 중요한 점은 이러한 분업 시스템의 규격화와 프로세스화가 높은 효율을 보장하는 동시에 강력한 복제성을 갖추게 되었다는 것이다.

그런데 특히 주목해야 할 점은, 이러한 전문화되고 프로세스화된 세계의 사고방식이 현대인이 자아를 이해하는 방식으로 변질되었다는 것이다. 사람들은 자신의 인생을 세세하게 기획하고 계획하는 것을 선호하게 되었고, 결과적으로 인생은 '분업식 임무'를 수행하는 하나의 프로세스로 여겨지게 되었다.

다시 말해, '몇 살에는 무엇을 완료해야 한다'는 식의 사고방식을 가진 현대인만이 '이성'이라는 왕관을 쓴 것으로 여겨졌다. 그러나 이러한 사고방식의 본질은 효용의 극대화라는 논리가 깊이 뿌리내리고 있다는 점이다. 결국 삶의 본질은 절대적인 목적이 아니라, 효율성을 중심으로 한 절대적인 수단으로 변질되었다고 할 수 있다.

이러한 비관적 상태가 만연한 사회 속에서 개인의 신체와 정신은 극도로 움츠러들고 말았다. 루소의 말처럼 인생은 자유롭지만, 어디에나 자물쇠가 채워져 있는 상태에 놓인 것이다. 이러한 개념과 의식은 개인의 신체와 삶 사이에 음울한 굴레를 형성하며, 현대인은 사회 속에서 자아를 실현하려는 과정에서 보이지 않는 벽에 부딪히고, 마치 누군가에게 심하게 얻어맞은 것 같은 심리적 충격을 받는다.

현대 문명의 물질적·기술적 수준은 전반적으로 향상되었고, 많은 사람이 극심한 기아와 가난에서 벗어나 더 나은 삶을 누리고 있다. 그러나 이때 드는 의문은 피할 수 없다. 더 나은 삶이란 무엇인가? 무엇이 진정으로 더 나은 삶인가? 사람들은 이러한 질문을 끊임없이 자신에게 던지며, 삶의 의미와 방향을 고민하게 된다.

이 과정에서 정서적 기복이 심화되고, 위험 수위에 감정 상태는 결국 '체계적' 시스템에 의해 각종 심리적 질병의 생리적 증상으로 분류된다. 그리고 이러한 상태는 치료를 통해서만 안정감을 되찾을 수 있는 수준에 이르게 된다.

내가 사는 곳에 살아가는 타인

· • ·

우울증과 불안장애와 같은 감정적 장애를 겪는 사람들에게 공통적으로 나타나는 특징 중 하나는 타인과 대화를 나누기 어려워하며, 일상적인 논리로 관계를 형성하거나 타인을 이해하는 데 큰 어려움을 느낀다는 점이다. 이들은 마음을 굳게 닫고, '세상에 나를 알아주는 사람은 단 한 명도 없어.'라는 생각에 사로잡힌 채 자신만의 고립된 세계에 갇히게 된다. 그런데 이와 같은 감정 상태는 어쩌면 현대인이 흔히 입버릇처럼 말하는 보편적인 심리 상태일지도 모른다.

왜 그럴까? 개인적으로, 타인은 이제 우리가 살아가는 세상 속에서 일종의 '희귀 아이템'이 되어버린 것 같다. 이는 심리적 질병이 마치 하나의 전염병처럼 확산되는 주요 원인 중 하나로 보인다.

독일 사회학자 막스 베버는 "인간은 자신이 직조한 의미의 그물 위에서 살아가는 존재다."라는 명언을 남겼다. 이 말을 언급할 때 종종 간과되는 사실은, 베버가 강조하려 했던 것이 바로 개인이 자신의 행동에 부여하는 주관적 의미였다는 점이다. 그러나 이 주관적 의미는 타인에게 이해받을 때 비로소 그 가치를 드러낸다.

문제는 현대인이 살아가는 환경과 심리적 구조를 볼 때, 타인이 이제 희귀 아이템으로 전락했다는 것이다. 그 이유는 다음과 같다.

첫째, 현대를 살아가는 개인의 주체 의식은 전례 없이 강하다. 이는 사람과 사람 사이의 경계가 점점 더 선명하게 드러나는 가운데 확연히 나타난다. 이론적이든 현실적이든 현대인은 자신의 삶에 대한 지배권을 가지고 있다. 이러한 지배권은 개인에게 신성성을 부여하며, 그 영역을 쉽게 침범할 수 없게 만든다. 따라서 현대인은 '나의 삶'이라는 민감한 영역에 타인이 들어오는 것을 꺼리고, 이를 보호하려는 특성을 보인다.

같은 맥락에서, '타인의 삶'에 개입하는 것에 대해 지나치게 조심스럽고 신중한 태도를 취하게 된다. 이러한 태도는 결국 사람들 간의 관계에 경계를 세우고, 고도로 문명화된 사회 상태를 만들어낸다. 그러나 객관적으로 보면, 이는 사람들 간의 관계를 소원하게 만들고 심지어 얼어붙게 만드는 결과를 초래한다.

그렇다면 왜 이러한 상태가 그다지 이상하게 느껴지지 않는 것일까? 그 이유는 현대 사회에서 개인이 거대한 시스템 속의 작은 부품에 지나지 않기 때문이다. 사람들 간의 관계는 협력 아니면 경쟁으로 이어지기 마련이고, 그로 인해 소원하고 얼어붙은 관계가 형성되는 것은 사실상 필연적인 결과라 할 수 있다.

둘째, 현대인은 현실 속에서 본인이 생각하는 것만큼 그렇게 자유롭거나 자주적이지 못하다. 각종 외부 규제에 의해 질서가 유지되는 현대 사회에서 사람들 간의 관계는 서로의 영역을 절대 침범하지 않는다는 암묵적인 동의가 형성되어 있다. 이러한 사회적 규범은 사람들 간의 상호작용을 제한하며, 동료나 동종 업계의 '직업적 관계'만을 이어가게 만든다.

부부 관계조차도 법적으로 재산권과 권리를 보호받을 의무를 지니며, 부모와 자식 간의 관계도 점점 법이 규정한 대로 형성되고 있다. 다시 말해, 모든 개인은 외부 규정으로 보호를 받지만, 그것은 대개 인간의 행위만을 구속할 뿐, 마음이나 내면의 의지까지 통제할 수는 없다.

그러나 인간은 무리를 이루며 살아가는 동물이자 주관적 의지와 감정적 가치를 지닌 존재로, 마음과 감정을 주고받는 관계를 자연스럽게 그리워하고 갈망한다. 그럼에도 불구하고, 현대 사회에서 이러한 요구는 외부적 제약에 의해 제한된다. 즉, 인간의 본능적이고 감정적인 욕구는 현실의 규제 속에서 실질적으로 제약을 받게 되는 것이다.

한편, 정보 기술의 발달과 새로운 미디어는 현대인에게 더 편리한 수단과 도구를 제공하고 있다. 사람들은 점점 더 '집'이라는 작은 공간, 즉 자신만의 작은 세계에 머물고 싶어 하며, 스마트폰을 통해 가상의 세계에서 자아를 실현하려고 한다. 그러나 우리가 잊지 말아야 할 중요한 자연의 법칙은 인간을 지탱하는 힘은 진실한 감정이라는 사실이다.

사람들은 진실된 물리적 세계에서 경험한 것들, 즉 직접 체험하고 겪어본 것을 통해 삶을 이어간다. 우리가 '쓴 맛'을 아는 이유는 쓴 약을 먹어봤기 때문이며, '피곤함'을 아는 이유는 실제로 그것을 겪어봤기 때문이다. 부모나 친구, 배우자에 대한 마음이나 의지하고 싶은 생각 등도 모두 실제 공동의 생활을 하며 겪어본 감정에서 비롯되는 것이다. 이 모든 감정은 '추상적 개념'이 아니라 우리가 실제로 겪어낸 '구체적 경험'에서 기인한다.

현대 사회에서 등장한 또 다른 흥미로운 현상은 많은 사람이 생활의 어려움이나 거대한 좌절을 겪으며 정서적으로 깊은 골짜기에 빠져 있을 때, 완벽한 '가상'의 세계에서 돌파구를 찾으려 한다는 점이다. 사람들은 자신이 주변 사람에게 이해받지 못하는 것을 극도로 두려워하면서도, 자신의 감정이 타인에게 영향을 미칠까 봐 걱정하고, 심지어 서로의 경계를 침범할까 염려한다. 그래서 이들은 갈대밭을 찾아 현실의 이름과는 완전히 다른 이름을 사용하거나 익명으로, 마치 '내 귀는 당나귀 귀'라고 외치며, 현실에서 만

우리는 왜 공허한가

나본 적 없는 낯선 사람들에게 응원과 지지를 구한다.

하지만 이러한 지지의 효과는 매우 단발적이고 연약해서, 부모나 친구들의 따뜻한 포옹 한 번보다도 큰 힘을 발휘하지 못한다. 그 이유는 낯선 사람은 극도로 자기 보호적인 성향 속에서 형성된 '가상의 타인'이기 때문이다. 이 가상의 타인은 개인에게 무해한 위로를 전할 수는 있지만, 완전히 모르는 사이기 때문에 나를 진정으로 공감하고 염려해 주지 못한다는 사실을 우리는 인정해야 한다.

인간은 무리를 이루어 사는 사회적 고등 동물이다. 인간의 이러한 '고급스러움'은 복잡한 사회 분업 체제 속에서도 드러나지만, 그보다 더 중요한 것은 타인과의 교제와 관계, 그리고 서로를 공감하고 이해하는 관계 속에서 나타난다. 1992년 방영된 시트콤 「편집부 이야기」의 주제곡 중에는 이런 가사가 있다.

"사람이 사람인 이유는 서로를 지탱하기 때문[人]이다."

아마 이것이 우리의 관계를 지탱하는 본질적인 구조일 것이다.

사람 간의 관계를 유지하고 발전시키려면 '타인'이 나의 세상에 들어와야 한다. 나를 이해해 주는 타인이야말로 삶을 풍요롭고 긍정적으로 정의해 주는 존재이며, 영혼의 든든한 방패막이가 되어 준다. 타인의 존재 덕분에 우리는 추상적인 자아의 작은 세상에서 벗어나, 더 넓은 세계와 연결될 수 있다.

하지만 그런 의미에서 보면, 진실하고 구체적인 개인의 삶에서 타인의 존재가 점점 사라지고 있는 현실을 마주하게 된다. 타인과의 관계가 점점 더 희미해지고, 인간은 서로를 지탱하는 존재로서의 본질을 잃어가는 듯하다.

우리는 정보가 폭발하고 모든 시스템이 체계화되며, 사상이 고도로 발달한 세상에 살고 있다. 현대의 개인은 각종 미디어 기술과 전문 지식을 통해 자신의 생각과 관념을 발전시킬 수 있다. 하지만 이러한 생각에는 종종 진실된 삶의 체험과 경험이 부족하다. 그래서 현대 개인의 자아는 점점 힘을 잃거나, 허구의 상태로 변해가고 있다. 사람 간의 관계를 기술적으로 연계할 수는 있지만, 경험을 공유하는 측면에서 보면 '현대인' 간의 사이는 점점 더 멀어지고 있다. 타인이 내 삶에서 점점 사라지게 되는 순간, '이해'라는 행위는 자연스럽게 희귀한 아이템이 되어버린다.

「밴드의 여름樂隊的夏天」 시즌 1에서 사회자 마둥馬東이 밴드에 대해 "밴드는 나와 타인과의 연결입니다. 평범한 모듬 메뉴가 아니에요."라고 말한 바 있다. 나는 이 말이 현대인이 처한 현실을 적나라하게 꼬집은 표현이라고 생각한다. 밴드처럼 사람들 간의 진정한 연결을 의미하는 관계가 점점 사라져 가고, 그 대신 각자의 독립적인 세계에서 홀로 살아가고 있다는 점이 그 핵심이다.

13

우리는 왜 '미니멀리즘'을
실천하지 못하는가

시시때때로 밀려오는 그리움

○ ● ○

2020~2022년까지 중국에서 한 오디션 프로그램이 큰 인기를 끌었다. 이 프로그램은 30대 이상 연예인들의 아이돌 도전기로 출연자들은 중년이 된 과거 인기 아이돌들이었다. 프로그램은 시작하자마자 큰 사랑을 받았고, 팬들은 '오빠가 돌아왔다'며 자신들의 젊은 시절을 떠올리며 기뻐했다. 일부는 이 프로그램을 '미의 기준'을 재창조한 것으로 칭찬했다. 출연자들은 과거의 대표작을 기억하게 해주며 대중의 심미안을 새롭게 장식한 것이다.

이번 장을 시작하면서 텔레비전 예능 프로그램 이야기를 하는 이유는 사회학적인 시각에서 예능프로를 평가하려는 게 아니다. 위의 대표되는 예능프로가 실질적으로는 수많은 사람의 과거에 대한 기억을 자극하고 '추억'을 소환하는 역할을 했다는 점을 말하고 싶어서다.

"잠시 왔다가는 이승에서 마음 편안하길, 감정에 얽매이지 않길, 과거에 연연하지 않길, 미래를 두려워하지 않기를. 그렇게, 행복하길!"

인터넷에서 이런 말이 유행했던 이유는 사람들이 동경하는 삶이 바로 이런 모습이었기 때문이리라. 하지만 우리는 정말 과거에 연연하지 않는가? 왜 우리는 계속해서 과거를 그리워하고 심지어 과거로 돌아가려고 하는 것일까? 왜 거기에서 빠져나오지 못하는 걸까?

우리는 계속해서 삶을 살아가고 다가올 미래를 생각해야 하는 존재다. 현재진행형의 삶을 살아야 하는 우리에게 대체 왜 이런 현상이 일어나는 것일까? 그건 다시 말해 현실이 우리에게 영향을 주고 있고, 때로는 우리를 힘들게 하며, 우리를 자라나지 못하게 구속한다는 말일지도 모른다.

과거는 때로 우리를 묶기도 하지만, 동시에 영양분을 공급해 주기도 한다. 예를 들어, 뮤직 스트리밍에서 7080 노래나 90년대 곡을 반복 재생하는 것을 보면 알 수 있다. 2022년 친구들과 지방 산행을 하기 위해 대절한 관광버스를 타고 가던 중 한 친구가 비윤

드의 「해활천공」을 틀었다. 나는 익숙한 선율에 단전에서부터 뜨거운 감정이 솟구쳤고, 머리를 흔들고 싶은 기분이 들었다. 이렇게 과거는 여전히 우리에게 활력과 영양분을 제공한다.

요즘 인터넷에서 유행하는 '예칭제^{爺青结}(내 청춘이 끝났다)'와 '예칭훼이^{爺青回}(내 청춘이 돌아왔다)'와 같은 표현은 모두 과거를 얘기하는 것이다. 삶은 과거가 하나씩 끝나면서 계속 이어져 가는 과정이다. '추억 소환', '라떼는' 등의 표현이 여기에 속한다. 동창회 모임을 가면 근황을 나누다 술이 돌기 시작하면 학창 시절의 추억을 되새기며 웃게 된다. 매번 똑같은 얘기를 반복하면서 "그때 생각 나냐?", "그때 그랬잖아."라며 즐거워한다.

추억을 그리워할 때, 우리는 과연 무엇을 '회상'하는 것일까? 사람들은 왜 자꾸만 과거에 살려고 하는 걸까? 과거를 그리워하지 않고 현재에 집중하는 단순한 삶을 살아낼 수는 없는 걸까? 이건 절대 '교만한' 마음으로 여러분을 다그치려는 게 아니다. 나는 여기서 여러분과 현대 생활의 본질에 대해 이야기를 나누고 싶다.

무의식중에 자꾸만 하게 되는 비교

○ ● ○

일반적으로 사람들이 자꾸 과거를 그리워하는 이유는 '무의식적인 비교'에서 비롯된다. 우리는 주관적인 의지와 인지 능력을 지닌 사회적 동물로서 기억을 중심으로 인지하는 방식을 형성한다. 기억을 바탕으로 한 인지 기제는 우리의 삶 속에서 잠재 의식적이거나 무의식적인 비교를 만들어낸다. 이 비교는 나와 타인 사이에만 국한되지 않고, 현재와 과거 사이에서도 일어난다.

예를 들어, 80년대와 90년대에 태어난 이들이 자신의 청소년기를 떠올릴 때, 그 기억의 중심은 거의 대부분 '느림'에 맞춰져 있다. 그들은 상대적으로 느린 속도의 삶을 그리워하는데, 이는 지나치게 빠르고 복잡한 현재의 삶에서 느끼는 불안감에서 비롯된다. 특히 학창 시절을 그리워하는 이들은 목적 없이 순수하고 단순했던 학교 안에서의 인간관계를 떠올린다. 이런 그리움은 이익과 목표 중심의 직장 내 인간관계와 확연히 대비된다.

나와 같은 세대의 친구들 가운데 일부는 심지어 '공업용 기숙사' 생활을 그리워한다. 중국 계획 경제 시절, 북쪽 도시의 기업들이 직원들에게 제공했던 기숙사는 현재의 아파트와 비교하면 면적이나 인테리어에서 크게 뒤처진다. 하지만 그 시절을 그리워하는 이유는 함께 살았던 익숙한 이웃들과 나눴던 온정적인 관계 때문이다. 요즘은 대다수가 이웃이 누구인지도 모른 채 살아가는 경우가 많다.

이처럼 어린 시절 시골에서 자란 사람들은 그때의 '논밭'을 그리워한다. 도시화가 진행되면서 시골의 고유한 '냄새'와 정취가 사라지고 도로와 현대적인 집들이 들어서면서 생활은 좋아졌지만, 사람들 간의 유대는 예전만큼 강하지 않다. 이렇게 과거와 현재가 선명하게 대비되며 사람들의 기억 속에 남아 있는 것이다. 특히 현재 생활에 만족하지 못하고 어려움을 겪는 사람들은 지난 시절을 더 더욱 그리워하게 된다.

이와 같은 시간의 흐름을 따라 형성된 비교 기제는 세대 차이에서도 분명히 드러난다. 부모님이 자녀를 훈계할 때 자주 하는 말인 '누구네 집 애는' 또는 '나 때는 말이야'는 우리가 중년에 접어들며 똑같이 다음 세대에게 하게 된다. 이러한 고정된 사고방식도 과거를 그리워하는 마음에서 비롯된다고 볼 수 있다.

고향에 대한 그리움은 단순히 시간이 지나서 생기는 감정이 아니다. 그것은 공간에 대한 강한 연대감을 바탕으로 한다. 고향 특산물처럼 단순한 물건일지라도, 그것에 얽힌 특유의 향과 맛, 그리고 그 장소에서의 기억이 담겨 있다. 이는 다른 곳에서 쉽게 찾을 수 없는 것이기 때문에 향수병처럼 강하게 느껴지는 것이다. 현대인 대부분이 성장 과정에서 고향을 떠나 새로운 환경에 적응하는 가운데, 그 환경은 고향과 같은 특유의 경험을 제공할 수 없다. 그래서 사람들은 본능적으로 그리움을 공간의 차원에서 비교하려고 하며, 이는 종종 잊혀진 과거에 대한 애틋한 추억을 되새기게 된다.

이처럼 우리는 과거의 상징적인 공간을 떠나왔을 때, 그 공간에 대한 그리움은 물리적 공간에서의 변화뿐만 아니라 그것이 우리의 삶과 어떤 방식으로 엮였는지에 대한 감정의 반영이기도 하다. 과거의 기억과 지금의 현실 사이에서 겪는 감정적인 충돌은 결국 사라지거나 더 이상 얻을 수 없는 것들에 대한 마음속의 그리움을 더욱 강조하게 만든다.

삶의 여정이 오롯이 새겨진 나, 그리고 우리

○ ● ○

그리움은 단순히 현재의 삶에 대한 불만이나 과거의 기억을 떠올리는 것과 같은 단편적인 개념이 아니다. 본질적으로 이것은 사회학적 근본 명제와 깊은 관련이 있다. 현대인에게 '그리움'이란 무엇일까? 이 질문을 학문적으로 분석하기에 앞서, 잠시 나의 이야기를 나누고자 한다.

2020년, 나는 운 좋게도 베이징 대학 인문 사회학과 대학원 방문 학자로 선정되어 3개월 동안 파견근무를 하게 되었다. 또한 감숙성 북서부 돈황 지역에서 진행된 연구원과의 협업은 매우 의미

깊은 경험이었다. 감숙성 하서주랑은 실크로드의 중요한 입구로, 역사적 의미를 지닌 땅이었다. 답사를 떠난 일주일간의 일정 동안, 여러 분야의 학자들과 교류하며 인문학적 토론을 진행할 수 있었다.

어느 날 저녁 식사를 마친 후, 호텔로 돌아가는 길에 우연히 방문한 민간 박물관에서 '추억'이라는 주제의 전시를 보게 되었다. 80~90년대 일상용품이 전시된 그곳에서 모두가 자주 보던 보온병, 찻잔, 책가방 등의 물건을 보며 추억에 잠겼다. 전시물들은 과거 일상에서 익숙하게 사용되던 것들이었고, 그 물건들을 보며 모두가 즐거운 추억을 나누었다.

이론적으로 30~40년 전의 일상용품은 물질적이나 기술적 수준에서 현재의 발전과는 비교할 수 없을 정도로 뒤처져 있다. 그럼에도 우리는 왜 그 당시의 물건들을 보며 이렇게 흥분해 추억에 잠기게 되는 걸까? 아마 그 이유는 단순히 물건을 넘어서, 그때의 분위기와 감정을 회상하기 때문일 것이다. 과거와 역사가 아무리 낡고 후지다고 하더라도, 그것들이 여러 가지 형태로 우리의 삶에 각인되어 지금의 자아를 형성했기 때문이다.

우리가 가진 성격, 기질, 사고방식은 각자 살아온 과정에서 만난 수많은 경험이 쌓여 하나의 결과로 나타난 것이다. 비록 지금은 잊혀졌거나 평범해 보일지라도, 그 시절의 일상은 우리 몸과 마음, 삶에 흔적을 남겼다. 의식적이거나 무의식적으로 그런 요소들은 우리의 습관, 감정, 생각과 뇌의 구조 속에 스며들었고, 시간이 흐르면서 그것은 점차 우리의 집단 무의식이 되어갔다. 그러다 문득 과거의 한 순간이 떠오르는 것은, 그 기억이 우리 인생에서 중요한 부분을 차지하고 있었기에 자연스럽게 되살아나는 것이다. 예컨대, 차 안에서 흘러나오는 옛 노래를 들을 때나 어린 시절 즐겨 먹던 군것질을 떠올릴 때, 그 시절의 추억은 여전히 생생하게 우리 곁으로 소환된다.

이처럼 기억과 그리움의 본질은 '잃어버린 자아'를 찾는 여정이자 응답이다. 또한 전쟁 영화에서 자주 등장하는 외상 후 스트레스 장애PTSD도 일종의 기억이며, 과거의 고통스러운 경험에 대한 또 다른 형태의 소환이다. 원가족이나 어린 시절의 어두운 기억들이 불쑥 나타나는 것도 그와 같은 맥락이다. 이렇게 불행했던 기억들은 '흑역사'처럼 모든 이의 인생에서 존재하며, 때로는 예상치 못한 순간에 갑자기 모습을 드러낸다.

"누군가의 죽음으로

나는 또 한 번 작아진다.

왜냐하면 나는 인류 전체 속에 포함되어 있기 때문이다.

우리는 왜 공허한가

그러니 누구를 위하여 종이 울리는지 알아내고자

사람을 보내지 말라.

종은 그대를 위해 울리는 것이나니.”

16세기 영국 시인 존 던의 시 「인간은 섬이 아니다 No man is an island」에서 나오는 이 구절은 사람들 사이의 연결성과 공존의 중요성을 강조한다. 시에 대한 해석은 사람마다 다를 수 있겠지만, 본질적으로 이 시가 말하고자 하는 것은 인류가 하나의 ‘전체’를 이룬다는 메시지이다. 나는 ‘인간은 섬이 아니다’라는 제목이 현대 사회에서 우리가 독립적인 개체로서 절대적인 신성성을 지닌 존재임을 상기시켜주지만, 그 신성함이 독립적이고 고립된 삶을 살아야 한다는 의미는 아니라는 것을 알려준다고 생각한다.

왜냐하면 각 개인의 삶은 특정한 역사와 시공간 속에서 형성되고, 그 과정에서 만난 사람들, 경험한 일들, 읽은 책들, 거주한 지역들, 일했던 곳들, 가족, 국가와 고향 등 모든 것이 그 사람의 존재에 영향을 미친다. 이러한 과거들이 우리의 자양분이 되기도 하고 때로는 장애물이 되기도 하지만, 그 모든 것이 모여 현재를 형성하며 우리가 살아가는 모습을 이끈다는 것이다.

인간은 과거를 짊어지고 앞으로 '기어가는' 존재다

○ ● ○

'사회'라는 단어는 중화권에서 이해하기 어려운 복잡한 개념이다. 그러나 본질적으로 사회는 사람들이 모여 이루는 집합체를 의미한다. 그래서 옌푸 선생이 'sociology'를 중국어로 '군학群學'이라고 번역했을 것이다. 그러나 사회는 단순히 무리나 집단의 개념을 넘어 국가, 부락, 지역사회, 학교, 공장, 도시 등 다양한 차원의 복잡한 개념을 포함한다. 이렇게 사회를 이해한다면, 각 개인이 속한 사회가 그 사람의 과거와 인생에 깊은 영향을 미친다고 볼 수 있다.

대학 시절, 나는 역사 수업을 듣고 교수님에게 이렇게 질문했다.

"사회학을 공부하는 사람은 왜 역사 과목을 들어야 하나요? 역사는 우리에게 어떤 의미가 있나요?"

교수님은 오래 기억에 남을 대답을 해주셨다.

"나는 단체생활을 정말 싫어해. 모임에 참여하는 것도, 어떤 조직이나 팀에 들어가는 것도 질색이야. 사스가 유행하던 2003년, 나는 해외에서 공부 중이었는데 그 학교에는 체온을 체크하거나 건강 상태를 보고하는 시스템이 없었어. 그런 시스템을 도입하고자 했지만 실패했지. 나중에 박사 과정을 하던 학교에서 그런 시스템이 만들어졌는데 누가 만들었는지 알아? 바로 우리 중국 유학생들이었어. 그때 나는 깨달았지. 아무리 독립적인 개인이라도, 개인주의에 강하게 기울어져 있더라도, 어릴 적부터 겪은 경험이나 제도적 환경은 그 사람의 몸에 깊이 새겨진다는 걸. 그것은 의식적이든 무의식적이든, 심지어 싫어하든 결국 그 사람의 삶의 일부가 된다는 거야. 그게 바로 역사의 의미야."

이번 장에서 이야기하고자 하는 것은 '과거'는 우리의 몸에 시시각각 다양한 방식으로 흔적을 남긴다는 점이다.

프랑스 사회학자 미셸 푸코는 "우리의 몸은 사건을 명확히 기록하고 소화하는 처소이며, 자기를 분해하는 매개이자 풍화되는 기물이다."[66]라고 말했다. 물론 그의 정의가 다소 은유적이고 철학적이긴 하지만, 실제로 우리는 그가 언급한 대로 우리의 몸이 '기물'로써 기능하는 경험을 한다. 왜냐하면 제도, 풍속, 그리고 일상 속의 의식주나 교통과 같은 모든 요소들이 우리의 몸에 흔적을 남기기 때문이다.

인류학자 마르셀 모스는 "인류는 일상의 경험 속에서 자신의 몸 테크닉을 형성한다."라고 말했다. 여기서 '몸 테크닉'이란 사람들이 각기 다른 사회에서, 각자의 전통에 따라 몸을 사용하는 방식에 대해 이야기하는 것이다.[67] 실제로 몸 테크닉은 그렇게 복잡하지 않다. 이는 현재의 일상 속 습관에 잘 드러난다. 예를 들어, 서양인 중 포크와 나이프를 사용하지 못하는 사람이 없고, 대부분의 중국인은 젓가락으로 식사를 한다는 점에서 이를 쉽게 확인할 수 있다. 이러한 식사 방식은 단순히 그들의 문화적 배경에 기반한 몸 테크닉의 일례이다. 이처럼 우리는 특정한 방식으로 몸을 사용하며 살아가지만, 그저 그것이 '과거'로 축적되어 우리의 몸에 존재한다는 사실을 평소에는 잘 인식하지 못한다.

현대인은 여전히 중요한 질문을 던진다. 한 사람의 개성, 습관, 기질, 성격은 유전자로 결정되는 것일까? 아니면 신성한 자유의지에 의해 선택되는 것일까? 아니면 사회 환경이 만들어낸 결과일까? 유전자 과학의 발전 덕분에 인류는 인간의 성격과 개성이 유전적 서열의 조합에 의해 결정되고, 심지어 그것은 후천적인 기술로 변경할 수 있다는 믿음을 가지게 되었다. 하지만 사회학 연구자들은 이와 다른 관점을 제시한다. 그들은 비록 사회라는 것은 육안으로 쉽게 볼 수 있는 것은 아니지만, 그렇다고 존재하지 않는 것은 아니라고 말한다. 오히려 사회는 개인의 생명과 경험 속에서 여러 방식을 통해 깊숙이 영향을 미치며 존재한다는 것이다.

막스 베버는 『프로테스탄트 윤리와 자본주의 정신』에서 다음과 같이 이야기했다.

"개신교 개혁을 경험한 청교도들은 자신이 구원받았다는 것을 증명해내기 위해 검소한 생활을 하면서 이윤을 불려 나갔다. 그 배후에 있는 '하나님의 영광'과 '천직의 개념'이라는 종교적 신념이 자본주의의 성장을 부추기는 중요한 문화적 기초가 되었다."[68]

에드워드 파머 톰슨은 18세기 영국 사회 평민 문화를 관찰하고 그들이 공유하는 행위 습관과 그 문화의 독특한 특징 및 정체성을 세밀하게 분석했다. 그리고 영국 노동 계급이 형성한 사회 기초를 면밀히 관찰했다.[69] 카를 마르크스는 공업 문명의 논리가 현대 사회에서 폭발적으로 확장되었으며, 이것이 현대인이 살고 있는 세상의 기본적인 제도적 환경을 형성하고, 현대인의 '소외화' 경향을 만들어냈다는 사실을 날카롭게 지적했다.

이상은 현대 개인이 지닌 '과거'에 대한 사회학적 설명이다. 이것은 은밀하면서 쉽게 눈에 보이지 않는 특징을 지니지만 우리의 삶에 지워지지 않는 흔적을 남긴다. 만일 우리가 개인의 노력으로 순수한 육체노동자에서 샐러리맨이 되고, 일반 노동자의 운명에서 벗어나 기업의 대표 자리에 오른다고 할지라도 과거에 몸담았던 생산라인, 일했던 공장, 내가 생활했던 낡아빠진 직원 기숙사 등은 모두 삶의 일부가 된다. 설령 그 기억을 완전히 지워버리고 싶을지라도 그것은 부지불식간에 튀어나오기 마련이다. 왜냐하면 그것은 종종 '깊은 수면' 상태에 들어갈 뿐, 이미 우리 삶의 일부분이 되었기 때문이다.

중국 속담 중에 '지방의 풍토가 사람을 기른다'는 말이 있다. 여기서의 '풍토'는 우리의 과거를 가리킨다. 비록 나는 '지역 차별'을 반대하지만, 가만히 생각해 보면 악의 없는 지역 차별은 허무맹랑한 소리가 아닐 수도 있다는 생각이 든다. 결국 이 속담에 숨은 뜻은 같은 풍토 속에서 자란 사람들은 그들만의 습관을 서로 공유한다는 의미일 것이다. 물론 누군가는 "이런 논리라면 개인의 독특한 개성과 특성을 부정하는 것 아닌가?" 하는 의문이 들 수도 있다. 하지만 완전히 반대다. 현대 사회의 높은 유동성과 신성한 의미를 지닌 자유 의지, 독립적 의지를 생각하면 모든 현대인은 이론적으로 모두 가장 독특한 삶의 여정을 지나는 존재다.

이러한 독특한 삶의 역사는 그 누구도 똑같이 복제할 수 없다. 앞에서 들었던 예를 다시 들어 보면, 톈진 출신인 나에게 고향의 전병 맛은 잊을 수 없는 나의 '과거'다. 매번 친구들과 톈진으로 여행을 갈 때마다 늘 "톈진은 뭐가 맛있어?", "전병 맛집은 어디야?"라는 질문을 받지만 그때마다 내 대답은 늘 하나다.

"우리 아파트 밑에 있는 식당이 전병 맛집이야."

그러면 개중에는 구체적인 위치를 물어보고 직접 찾아가는 친

우리는 왜 공허한가

구들도 있다. 하지만 다녀온 뒤에 하는 얘기를 들어보면 별로 특별할 게 없다고 한다. 맛도 그저 그렇단다. 왜 그럴까? 그건 자신만의 기억이 있기 때문이다. 그건 내 인생에서만 특별한 위치, 특별한 의미를 지니기 때문이다. 그래서 다른 사람에게 똑같이 적용할 수도, 다른 이가 똑같이 흉내 낼 수도 없는 것이다.

사회는 인간으로 구성된다. 인류는 계속 과거를 짊어지고 앞으로 '기어가는' 존재다. 이런 의미에서 모든 사람은 '과거에 매여 있는' 상태라고 할 수 있지만, 이것은 결코 비관적이거나 슬픈 현상이 아닌 매우 자연스러운 현상이다.

미주

1　에이브러햄 매슬로가 개발한 이론으로 사람은 누구나 다섯 가지 욕구를 가
지고 태어나는데 이들 다섯 가지 욕구에는 우선순위가 있어서 순차적으로
그 욕구를 채우려 한다는 이론(Maslow's hierarchy of needs). 1단계 생리적 욕구
(physiological needs), 2단계 안전의 욕구(safety needs), 3단계 사랑과 소속 욕구
(love&belonging), 4단계 존경 욕구(esteem), 5단계 자아실현 욕구(self-actualiza-
tion) -역주

2　에밀 뒤르켐『사회분업론』[M]. 취징둥(渠敬東) 옮김. 베이징: 생활·독서·
신지식연합서점, 2017.

3　에밀 뒤르켐『뒤르켐 문집: 제4권 종교생활의 원초적 형태』[M]. 취징둥(渠敬
東), 지저(汲喆) 옮김. 베이징: 상무인쇄관, 2020.

4　막스 베버가 제시한 '가치 영역'의 개념.

5　막스 베버,『프로테스탄트 윤리와 자본주의 정신』옌커원(閻剋文) 옮김. 상하
이 인민 출판사 2018.

6　19세기 독일의 사회학자 막스 베버는『프로테스탄트 윤리와 자본주의 정신』
에서 칼뱅이 재화의 축적과 합법적 이윤의 추구를 적극적으로 공헌하였으며,
사치와 낭비를 배격하는 등의 금욕적인 생활 윤리를 주장하여 자본주의 발달
에 이바지하였다고 주장하였다. 그는 프로테스탄트 윤리가 사람들을 생산적
이며 근면하고 물질적으로 향상하게끔 고무시켰다고 말한다. 자본주의 정신
에 부합하는 프로테스탄트 윤리의 요소들은 금욕주의, 현세적 가치관과 정연
하고, 체계적이며, 탈사적이며, 개체주의적인 생활을 영위할 수 있는 규제들
이다. 그는 이러한 프로테스탄트 윤리를 당시 등장한 시민 계급이 받아들여
자본의 조직적인 축적이 이루어졌다고 강조하였다. -역주

7   뒤르켐『직업윤리와 시민 도덕』, 취징둥(渠敬東) 옮김. 베이징: 상무인쇄관, 2015.

8   '패배의 세대'라는 뜻으로 제2차 세계대전 후 과격한 문학운동을 일으킨 젊은 이들을 총칭하는 말 -역주

9   WeChat, 중국의 기업 텐센트에서 2011년 1월에 내놓은 모바일 메신저. 한국의 카카오톡과 비슷하다. -역주

10   마누엘 카스텔『네트워크 사회의 도래』[M] 샤주지우(夏鑄九), 왕즈훙(王志弘) 옮김. 베이징: 사회과학문헌출판사. 2001.

11   막스 베버,『프로테스탄트 윤리와 자본주의 정신』엔커원(閻剋文) 옮김. 상하이 인민 출판사 2018: 327.

12   장위후이(姜宇輝),『게임은 왜 정치가 되는가?(遊戲何以政治?)』[J] 독서, 2022(9).

13   예치정(葉啓政),『교환의 상징과 부정 및 긍정적 정서의 융합(象征交換与正負情愫交融)』[M]. 베이징:상무인쇄관, 2021: 239.

14   예치정(葉啓政),『심오한 사상 체계와 역사적 도약(深邃思想系链的历史跳跃)』, [M]. 베이징: 상무인쇄관, 2021: 319.

15   뇌와 컴퓨터를 연결하여 서로 직접 상호작용이 가능하게 하는 인간 인터페이스 장치를 말한다. 여러 명칭이 있지만 보통 BCI(Brain-Computer interface)로 통용된다. 크게 삽입형 BCI, 부분적 삽입형 BCI, 비삽입형 BCI로 나눌 수 있다. -역주

16   인터넷에서 많이 쓰이는 용어로 '유행어'와 비슷한 의미를 지닌다. 인터넷을 통해 유행하는 언어, 사진, 영상, 챌린지 등을 모두 통칭한다. -역주

17   숏폼(short-form)은 길이가 짧은 형태의 콘텐츠를 뜻한다. 트윗의 길이가 140자로 짧은 트위터나 틱톡, 스냅챗과 같은 플랫폼이 숏폼의 대표적 예다. -역주

18   위르겐 하버마스『의사소통 행위이론: 제1권』[M]. 차오웨이둥(曹衛東) 옮김. 상하이: 상하이 인민출판사, 2018.

19   노베르트 엘리아스『문명화 과정(The Civilizing Process)』[M] 왕페이리(王佩莉), 위앤즈잉(袁志英) 옮김. 상하이: 상하이역문출판사, 2018.

20 막스 베버『사회학의 기본 관념: 경제 행동과 사회 단체』[M]. 캉러(康乐), 젠
훼이메이(简惠美) 옮김. 광시사범대학출판사, 2011.

21 위르겐 하버마스『의사소통 행위이론: 제1권』[M]. 차오웨이둥(曹衛東) 옮
김. 상하이: 상하이 인민출판사, 2018.

22 프랑스 현대철학자 미셸 푸코가『감시와 처벌』에서 쓴 말로 파놉티콘(panop-
ticon)은 한 명의 교도관이 다수의 범죄자를 감시할 수 있는 원형 감옥인 파놉
티콘(panopticon)에서 유래했다. -역주

23 존 로크,『정부론』[M]. 취쥐농(瞿菊農), 예치팡(叶启芳) 옮김. 베이징: 상무인
쇄관, 2022.

24 미셸 푸코『악명 높은 사람들의 삶』[EB/OL]. 리멍(李猛) 옮김. https://wen-
ku.baidu.com/view/95352778. ae02de80d4d8d15abe23482fb4da02f9.html?_
wkts_=1669687524587&bdQuery=%E7%A6%8F%E6%9F%AF+%E6%97%
A0%E5%90%8D%E8%80%85%E7%9A%84%E7%94%9F%E6%B4%BB.

25 온라인에서 이슈가 있는 곳을 따라다니며 이슈를 뿌리고, 정의의 화신처럼
행동하는 사람들을 지칭한다. 사회에서 벌어지는 불공정한 일들에 대해 비판
하는 글을 쓰지만, 막상 현실 생활에서는 소극적이고 불의를 보고 그냥 지나
치는 사람들을 풍자적으로 일컫는 중국의 신조어. -역주

26 예치정(葉啓政),『사상 체계와 역사적 도약(深邃思想系链的历史跳跃)』[M].
베이징: 상무인쇄관, 2021: 322. (역서가 없어 책제목 임의로 번역)

27 理之所在, 各是其所是, 各非其所非, 世无孔子, 誰能定是非之真?

28 귀스타브 르 봉『군중심리』[M]. 펑커리(馮剋利) 옮김. 구이린: 광시사범대학출
판사, 2015: 141.

29 에밀 뒤르켐 문집『제4권 종교생활의 원초적 형태』[M]. 취징둥(渠敬東), 지
저(汲喆) 옮김. 베이징: 상무인쇄관, 2020.

30 어빙 고프만『자아연출의 사회학』[M]. 펑강(馮鋼) 옮김. 베이징: 베이징대학
출판사, 2008.

31 고대 중국에는 머리카락이 나 있는 이마 끝에서 눈썹까지의 거리(상), 눈썹에서
코끝까지의 거리(중), 코끝에서 턱까지의 거리(하)와 얼굴 가로 길이가 눈의 가
로 길이의 5배(3庭5眼)일 때 가장 아름다운 얼굴이라는 기준이 있었다. -역주

32 https://zhuanlan.zhihu.com/p/141093914.

33 조지 리처 『맥도날드 그리고 맥도날드화』 [M]. 구젠광(顧建光) 옮김. 상하이: 상하이역문출판사, 1999.

34 찰스 호튼 쿨리 『인간성과 사회 질서』 [M]. 바오판이(包凡一), 왕웬(王湲) 옮김. 베이징: 화샤출판사, 2015 : 131.

35 페이샤오퉁 『아가인간아(我看人看我)』 [J]. 독서, 1983(3): 99 – 103.

36 알렉시 드 토크빌 『미국의 민주주의』 [M]. 둥궈량(董果良) 옮김. 베이징: 상무인쇄관, 2017 : 331.

37 리저허우. 『미의 역정(美的歷程)』 [M]. 베이징: 생활·독서·신지식 연합서점, 2009: 217.

38 잭 케루악 『길 위에서』 [M]. 왕용녠(王永年) 옮김. 상하이: 상하이역문출판사, 2006: 12.

39 게오르그 짐멜 『돈의 철학』 [M]. 쉬저민(許澤民) 옮김. 천웨이정(陳維政) 감수. 구이양: 구이저우인민출판사, 2019.

40 첸무(錢穆). 『국사대강』 [M]. 베이징: 상무인쇄관, 2013: 1.

41 에밀 뒤르켐 『사회분업론』 [M]. 취징둥(渠敬東) 옮김. 베이징: 생활·독서·신지식연합서점. 2017.

42 피에르 브르디외 『재생산』 [M]. 싱커차오(邢剋超) 옮김. 베이징: 상무인쇄관. 2021.

43 막스 베버 『프로테스탄트 윤리와 자본주의 정신』 [M]. 옌커원(閻剋文) 옮김. 상하이: 상하이인민출판사, 2018.

44 제임스 C. 스콧 『농경의 배신』 [M]. 청리셴(程立显), 류젠(劉建) 공동 번역. 난징: 이린출판사, 2013: 1.

45 마르크스 『자본론:제1권』 [M]. 중공중앙 마르크스 레닌 스탈린 저작물 편역국 편역. 베이징: 인민출판사, 2009: 88 – 90.

46 왕닝(王寧). 『고향자 사회에서 소비자 사회로』 [M]. 베이징: 사회과학문헌출판사, 2009.

47 막스 베버, 『프로테스탄트 윤리와 자본주의 정신』 옌커원(閻剋文) 옮김. 상하이 인민 출판사 2018.

48 장 보드리야르『소비의 사회』[M]. 류청푸(劉成富), 진즈강(全志鋼) 옮김. 난
    징: 난징대학출판사, 2014: 1.

49 앤서니 갈루쪼『소비자 제조: 소비주의 세계사』[M]. 마야(馬雅) 옮김. 광저
    우: 광동인민출판사, 2022: 209.

50 국가통계국.〈제7차 전국 인구조사 주요 데이터 상황〉[EB/OL]. (2021－05－
    11)[2022－12－26]. http://www.stats.gov.cn/tjsj/zxfb/202105/t20210510
    _1817176. html

51 노베르트 엘리아스『문명화 과정』[M]. 왕페이리(王佩莉), 위앤즈잉(袁志英)
    옮김. 상하이: 상하이역문출판사, 2018.

52 미셸 푸코『안전, 영토, 인구』[M]. 첸한(錢翰), 천샤오징(陳曉徑) 옮김. 상하
    이:상하이인민출판사, 2018.

53 https://baijiahao.baidu.com/s?id=1744636687884608518&wfr=spider&-
    for=pc.

54 老吾老以及人之老, 幼吾幼以及人之幼 －역주

55 마르크스 베버『베버 작품 전집Ⅶ: 사회학의 기본개념』[M]. 구종화(顧忠華)
    옮김. 구이린: 광시사범대학출판사. 2005: 3.

56 평생 유병률(lifetime prevalence), 평생 동안 특정한 장애를 한 번 이상 경험할
    확률－역주

57 https://new.qq.com/rain/a/20221011A094IW00

58 에밀 뒤르켐『자살론』[M]. 펑윈원(冯韵文) 옮김. 베이징: 상무인쇄관, 1996.

59 미셸 푸코『광기와 문명』[M]. 류베이청(劉北成), 양원잉(楊远嬰) 옮김. 베이
    징: 생활·독서·신지식연합서점, 2019: 25. (역서가 없어서 책 제목 임의로 번역)

60 미셸 푸코『광기의 역사』[M]. 린즈밍(林志明) 옮김. 베이징: 생활·독서·신
    지식연합서점, 2016: 271.

61 프로이트『정신분석 입문』[M]. 가오주에푸(高覺敷) 옮김. 베이징: 상무인쇄
    관, 2004: 8.

62 순페이위(孫飛宇)『영혼에서 마음까지: 고전적 정신분석의 사회학 연구』.
    [M]. 베이징: 생활·독서·지식연합서점, 2022. (역서가 없어서 책 제목 임의로
    번역)

63 샤오이신(蕭易忻),『우울증은 어떻게 탄생하는가에 관한 사회학 분석』[J]. 사회, 2016(2).

64 포드주의의 단순 반복 작업에서 벗어나 업무를 결합하여 분업을 최소화하고, 노동자의 경영 참여를 통하여 의사 결정을 분산화하며, 노동자에게 직무에 대한 폭넓은 자율성을 허용함으로써 작업 만족도를 극대화하는 방식. 다품종 소량 생산을 지향하는 경향이 있다. -역주

65 샤오이신(蕭易忻),「우울증은 어떻게 탄생하는가에 관한 사회학 분석」[J]. 사회, 2016(2).

66 미셸 푸코『니체·계보학·역사학』[M]. 왕민안(汪民安), 천용궈(陳永國), 니체의 유령. 베이징: 사회과학문헌출판사. 2001: 123.

67 마르셀 모스『사회학과 인류학』[M]. 위비핑(俞碧平) 옮김. 상하이역문출판사

68 막스 베버『프로테스탄트 윤리와 자본주의 정신』엔커원(閻剋文) 옮김. 상하이인민출판사. 2018.

69 에드워드 파머 톰슨『공유의 습관: 18세기 영국의 평민 문화』[M] 선한(瀋漢), 왕쟈펑(王加豐) 옮김. 상하이인민출판사. 2020.

우리는 왜 공허한가

펴낸날 2025년 2월 20일 1판 1쇄

지은이 멍칭옌(孟庆延)
옮긴이 하은지
펴낸이 김영선, 김대수
편집주간 이교숙
교정·교열 정아영, 나지원, 이라야, 남은영
경영지원 최은정
디자인 김규림
마케팅 신용천

펴낸곳 이든서재
주소 경기도 고양시 덕양구 청초로 10 GL 메트로시티한강 A동 20층 A1-2002호
전화 (02) 323-7234
팩스 (02) 323-0253
홈페이지 www.mfbook.co.kr
출판등록번호 제 2-2767호

값 17,800원
ISBN 979-11-989346-4-2(03330)

이든서재와 함께 새로운 문화를 선도할 참신한 원고를 기다립니다.
이메일 dhhard@naver.com (원고 투고)